착살한 얼굴과 말간 눈

박수진

시간의 어깨에 손을 올린 채

들어가며

아주 오래전 나를 살린 사람들이 있다. 아무것도 묻지 말고 그저 아침저녁으로 안부 전화 한 통씩만 해달라 부탁했었다. 그때 그들은 정말 성실하게 나를 지키고 살렸다. 불면으로 가득한 밤을 지나 새벽 내내 허우적대고 나란 인간은 도대체 왜 눈을 뜨는지 원망스러운 아침에 당도하기까지. 매일 하루도 빠짐없이 내가 잠은 잤는지 밥은 먹었는지 오늘은 어땠는지 묻고 또 물었다.

오르락내리락하는 게 사람 사는 인생이라지만

마치 주기라도 정하고 태어난 듯 때가 되면 상실의 시대가 들이닥친다. 삽자루를 등에 이고 지고 아무도 모르는 언덕에 올라가 누울 자리를 파고 싶을 때면 그들이 그립다. 번호를 누르고 통화대기음 넘어 이윽고 내 목소리가 들리기까지 그때 그들은 어떤 마음으로 나의 아침과 저녁을 다독였을까. 그러나 더는 기억에서 흐릿해졌다 해도, 지나간 일은 너무 곱씹지 말라 해도 그리워할수록 분명해진다. 분명하다. 아마 그때부터 내 삶은 나만의 것이 아닐지도 모른다는 점.

그러니 함부로 할 생각 말고 더 살아야겠다. 더 살아서 쓸모가 되어야겠다. 살아서 오래도록 사랑한다고 말해야겠다.

지나가버린 것

놓고 온 것

잊어버린 것

잃어버린 것

영영 가질 수 없는 것

어쩌면 단 한 번도 가진 적 없는 것

나 때문에 슬픈 것만으로도 벅차다.

당분간 그만 슬프고 싶다.

잘 지내는지. 날이 갑자기 추워졌어. 겨울이 저멀리 있는 것 같았는데 이제서야 제법 겨울 같아. 벌써 첫눈이 내린 곳도 있다 하더라고. 어쩐지 오늘은 집에 있기 싫어서 밖으로 나왔어. 이곳 창틀 사이로 새어 들어오는 공기도 차갑고 문득 거기는 더 추울 것 같아 이렇게 적어 보아. 나는 올봄에 제주로 옮겨왔어. 얼마간 부러질 것처럼 힘겨웠는데. 어느 정도 지나간 건지 아직 지나가는 중인지 다 헤아릴 수 없지만서도 애쓰고 있어. 계속 무언갈 쓰고 있어. 이것저것 정리하다 보니까 자주 만났던 시절이 나와서 많이 생각나네. 겨울 초입 추위에 떨면 겨우내 시름시름 앓는대. 따듯하게 여미고 남은 계절도 무사히 건너가기를 바랄게.

이따금 물음표로 남은 것들에 대한 의구심이 허기가 되어 몸속을 돌아다닌다. 입천장에서 목구멍으로 넘어가는 어딘가에 머금고 있다도로 뱉을 수도 없어 못내 삼켜버린 것들. 그것은 제때 꺼내지 못한 마음인가. 건네지 못한 말인가. 취하지 못한 행동인가. 쓰지 못한 문장인가. 아니면 나 그 자체인가. 어쩌면 당신인가. 그것은 소화되지도, 소멸되지도 않고 문득 올라와 신체의 신호와는 별개로 고프단 말을 쏟아내게 만든다. 고프지 않아도 나의 입은 고프다 말하고 있다. 이대로 살다 보면 영영 되새김질하게 될까. 아니야. 아닐 거야. 다시 삼킨 허기는 이내 통증이 되어 다가온다. 아프다. 배가 아프다. 시절과 사연과 나와 당신은 이미 사라지고 없다. 통증에 가까운 허기만이 남아있을 뿐이다. 몸 안을 유영하다 내게 기척만 할 뿐이다.

어김없이 아프다 중얼거렸다.
윗배에 양손을 대고 슬그머니 문질러본다.
너 왜 아직도 거기에 있니.

지난 2년 동안 제대로 마무리 짓지 못했던 일기마저 모두 처분했다. 잘한 일이라 생각한다. 들춰보면 괴롭고 그러면 하루가 또 통째로 힘들 테니까. 바야흐로 올해의 마지막 날이다. 지긋지긋한 한 해였다. 정말이지 여기까지 다다르지 못할 것만 같았다. 연말에 다다르며 분명해지는 건 역시나 어느 정도 시간에 몸을 맡긴 채 흘러가는 행위만으로도 우리는 회복의 힘을 내재하고 살아가는 존재라는 것이다. 올해 봄여름과는 어떻게 지냈는지 잘 기억나지 않는다. 가을이 되어서야 열매를 맺기는커녕 나만 아는 씨앗 몇 개를 심었다. 오래되고 뭉그러져 더는 손댈 수 없는 과실은 과감히 정리하기로 마음먹었다.

연말이라는 단어가 주는 힘은 참 양가적이다. 한 해의 끝에 다다르자 하루에도 몇 번씩 생각하곤 한다. 인생이 도대체 어디로 흘러가고 있는 것일까. 걷다가도 생각하고 수영하고 나와 비누칠을 하면서도 생각한다. 자다 일어나서도 가만히 읊조려 본다. 곧 앞둔 새해가 아주아주 조금은 기다려지면서도 일 년간의 에너지가 소진되어 시도 때도 없이 늪에 빠지는 것처럼 무겁다. 그럼에도 매년 올해와 이듬해. 고작 하루 차이로 달라지는 나라는 건 딱히 없다.

아까 말한 씨앗 중 [수영]이라는 씨앗을 열어 본다. 거기엔 그저 물의 흐름에 몸을 맡긴 채 지금

발차기는 어떤지 숨은 어떤 박자로 쉬고 있는지 물을 잡는 팔동작은 제대로 하고 있는지. 순간에만 몰입하고 있는 내가 있다. 삶과 죽음에 대한 막연한 고민도, 앞으로에 대한 거창한 계획이나 위대한 목표도 없다. 그저 몸을 던지면 물과 내가 만드는 파동만이 남아있다. 수영이 끝나도 파동의 연장선을 붙들고 하루하루 순간순간의 나에게 집중하며 지낼 궁리를 한다. 그것만으로 다시 살아갈 준비는 이미 시작된 것이라 할 수 있겠다. 대단히 기대하는 바는 없지만 한 가지, 내년 이맘때에도 살아서 꼭 고맙다고 말하고 싶다. 이왕이면 힘껏, 그리고 마음껏. 내게도 당신에게도 고맙다고 말할 수 있다면 좋겠다. 그때까지 조금 울고 자주 웃자. 잘 부탁해요. 잘 지내요.

송년모임을 가졌다. 수영하는 분들과 작게나마 달에 한두 번 모인다. 달그락 탁탁 수저가 오가며 식탁을 함께하고 살아온 이야기, 살아가는 이야기를 나눈다. 웃고 떠든다. 오늘 메뉴는 닭 한 마리였다. 살코기를 발라 입 한가득 넣고 입술로 따듯한 국물을 호록 들이마시며 창밖으로 고개를 돌렸다.

나는 나의 손을 놓고 아주 멀리까지 걸어왔다. 서서히 다가오는 벽을 눈치채지 못하고 맞부딪혀 나동그라질 때까지. 눈과 눈을 가리고 손이 아닌

손을 꽉 부여잡은 채. 손을 놔버린 순간 나는 어디에 서 있으며 어디까지 걸어왔는지 어디로 가야 할지 알 길이 없었다. 알아채지 못한 사이 삶 깊숙하게 들였던 이를 내보내는 일은 나의 일부를 도려내는 일이나 매한가지였으므로. 습관 같던 연락은 하루하루 처절한 확인 사살에 불과하다는 걸, 매분 매초 실감하면서도 몇 계절을 미련하게 굴었다. 이미 나는 나도 모르는 어디론가 사라져 버리고 없으나 흩어진 파편이라도 주워 모아 먹고 자고 어떻게든 살아야만 했다. 할 수 있는 말의 반경이 좁아졌고 만날 수 없는 사람들이 늘어갔다. 그가 사라졌다는 현실보다 이대로 사랑의 사지가 모조리 잘려 나간 나를 받아들일 수 없었다.

작년 이맘때 거처를 구하러 제주에 왔었다. 우두커니 카페에 앉아 멍하니 눈 오는 장면을 바라본 일이 생각났다. 얼어붙은 횡단보도에서 미끄러져 크게 엉덩방아를 찧고 그 핑계로 조금 울었다. 빙판길에서 넘어졌다고 그에게 메시지를 보냈다. 꼬박 겨울이 돌아와 다시금 눈 내리는 장면을 바라보고 있다. 사람들 틈에 섞여 따듯한 음식으로 속을 채우고 있다. 손은 자꾸만 끓어오르는 거품을 거둬내고 있다. 웃고 있고 떠들고 있다. 나는 지금, 지금.

해 질 녘 주황색 노을빛이 들어오는 거실.
확실한 계절을 볼 수 있는 주방의 작은 창.
인기척으로 불을 밝히는 계단.

        언제부턴가 고향 집을 잊고 지냈다. 다달이 내려가는 일을 숙제처럼 여겼던 시절이 있었는데. 열일곱에 집을 떠나 옷가지와 책을 싸 들고 여러 곳을 전전하며 지냈고 다양한 초인종 소리를 내 집 삼아 십 년 넘는 시간을 보냈다. 마음 한편으론 줄곧 돌아갈 곳은 고향뿐이라 여겼지만서도 그 오래된 계단에서 느꼈던 수많은 어린 날들을 잊고 지냈다. 움직임이 있어야지만 불을 밝히는 오래된 계단이 무서워 캄캄한 밤이면 모든 층의 불을 껐다 켜고 단숨에 3층까지 뛰어 올라갔다. 성큼성큼 짧은 다리로 두 계단씩, 때로는 벽이나 난간을 부여잡고 세 개의 계단도 훌쩍 날다시피 뛰어올라 현관으로 들이닥쳤다.

밤의 계단은 한결같이 그랬지만 낮의 계단은 그리운 것투성이다. 신문, 우유, 택배, 5층 아주머니의 경상도 사투리, 하얀 개가 짖는 소리. 이따금 계단 청소하는 일요일이면 풍기던 물에 젖은 돌 내음, 여름을 똘똘 뭉쳐 층과 층 사이를 끼워 놓은 것만 같은 그 내음이 그리운 날이 있다. 인중 끝에 한동안 머무는 느낌이 든다. 그런 날이면 고향 집 초인종 소리가 기억나지 않는 일이 자꾸만 슬퍼진다. 무릎을 책받침 삼아 이 글을 적고 있는 버스 안이 마치 고향과는 닿을 수 없는 먼 나라처럼 느껴진다.

몇 년이 흘러 나는 제주에 살고 있다. 눈 내리는 겨울에 지난 일기장 몇 권을 펼쳐보았다. 가족들은 이사했고 더는 고향 집에 그 계단이 없다. 그리고 나는 예전만큼 고향에 자주 가지 않고 있다.

잠이 오지 않아 메모를 열었다.

내 상처 먼저 인정하기

간신히 아홉 글자를 적고

나는 또 내가 이기적인 인간이라고 몰아갔다.

별안간 관자놀이에 소름이 돋더니 살며시 눈이 떠졌다. 꿈이다. 바깥은 아직 밤과 새벽의 허리. 악몽은 아니다. 악몽인가.

웃고 있었다. 사람들 사이에 둘러싸여 앉아 울어야 하는데 웃었다. 차츰 얼굴이 굳고 입을 닫고 어떤 표정도 지을 수 없었다. 제대로 된 울음을 터뜨리지 못하니 마주 앉은 이가 울기 시작했다. 속이 뒤집히고 턱끝까지 찰랑찰랑 차올라도 내 얼굴에는 아무런 출구가 없다. 눈물도 비명도 몸 안에 갇혀있다. 양옆에 앉은 이들도 울기 시작했다. 서럽게도 운다. 나는 지을 수 없는 표정으로, 잔뜩 일그러진 얼굴로. 나의 양 손을 잡고 날갯죽지에 손을 올리고. 뚝뚝 운다. 억억 운다.

여명이 밝도록 잠은 다시 오지 않았다.
오래전 표정을 잃어가는 내 등을 때리며 대신 소리 내 울어준 이가 생각났다.

태몽은 금붕어였다. 보애가 개울가에 앉아 있는데 금붕어 한 마리가 튀어 오르더니 치마폭에 쏙 들어왔다고. 아주 작은 무지갯빛 금붕어. 얘, 너 나랑 같이 갈래? 집으로 데려가야겠다 싶어 오므린 두 손에 개울물을 채워 금붕어와 함께 집으로 돌아왔다고 했다. 그리고 이듬해 여름, 예정일을 일주일이나 넘기고도 꼬박 하루 동안 보애를 괴롭히다가 그녀의 생살을 찢고 내가 태어났다.

지난주 한라수목원 야시장에 들렀다. 종이 뜰

채로 물고기를 건져 올리는 아이들을 바라보다 돌아섰다. 문득 어릴 때 들었던 태몽 이야기가 생각났다. 녹색창에 금붕어 태몽이라고 검색하곤 몇 개의 게시물을 클릭하고 닫기를 반복했다. 게시물들은 대체로 물고기 태몽이 재능 많고 예쁨을 많이 받을 수 있는 아이를 뜻하고, 그중에서도 금붕어는 예술적인 재능이 뛰어난 인물의 탄생을 의미한다 설명하고 있었다. 그럴 리 없어. 요행을 딱히 기대하지 않는 편인 데다가 지독한 자기의심병 환자인 나는 게슴츠레 스마트폰 화면을 흘겨보았다. 그리곤 좀 더 집요하게 다른 게시물을 뒤져보기 시작했다.

오색찬란한 물고기를 '앞치마'에 받쳐 드는 꿈
: 장래에 유명한 작가 혹은 예술가가 될 아이를 출산하게 됩니다. 그 글 밑에 오색찬란한 물고기를

'치마'에 받는 꿈 : 태어날 아이가 소설가나 인기인이 되어 사회적으로 유명인이 되고 높은 지위를 얻게 됩니다. 여기까지 보고 나서 검색을 멈췄다. 도대체 최초의 금붕어 태몽을 꾼 사람은 누구이며 그가 낳은 아이는 어떤 인물로 자랐길래 오늘날까지 이런 미신이 퍼진단 말인가. 해마다 미신이나 미풍양속 같은 걸 잘 챙기는 보애가 금붕어 태몽 뜻풀이를 미리 알았다면 내가 계속해서 그림 그리는 걸 허락했을까.

매년 정월대보름이면 아침에는 부럼 깨물고 저녁에는 시루떡 앞에서 고사를 지내야 한 해가 무사할 거라고 믿는 사람. 가족 중 누군가 장례식에 다녀온 날이면 현관에 들어서기 전에 반드시 굵은소금을 쳐야 별 탈 없을 거라 믿는 사람. 보애는 몰랐을까. 알면서도 눈 가리고 귀 닫고 모른 척

했던 걸까. 이사하면서 내가 그린 그림일기, 사생 대회 상장, 트로피와 상패들. 하나도 버리지 않고 다 챙긴 사람. 나는 그걸 고마워해야 하나. 슬퍼해야 하나. 실은 나도 그렇게까지 간절하지는 않았던 걸까. 좌절된 꿈은 아무리 세탁해도 지워지지 않는 커피 자국처럼 사라지지 않고 삶 주변을 맴돌고 있다.

— 제가 너무 오랜만에 그림을 그리는 거라서요. 크면 좀 무서울 것 같아요. 작은 종이요. 아, 이것보다 더 작아도 괜찮을 것 같아요.

글을 쓰러 나섰다가 집에 돌아오는 길, 화방에 들러 붓 몇 자루와 물감을 집어 왔다. 제대로 그릴 수 있을지는 모르겠지만 내가 왜 다시 그림을 그리지 않는지 주기적으로 궁금해하던 어릴 적 친구에게 선포했다. 내년에는 고꾸라질 때마다 점 하나라도 찍을 거야. 점이 모이면 선이 되고, 선이 모이면 면이 되고. 그럼 무언가가 되어 있겠지. 뭐라도 되어 있겠지.

가을부터 책을 많이 사고 읽고 있지만 실은 내 책을 가장 가까이 두고 자주 들여다본다. 스물여섯부터 스물여덟 사이의 나는 어떤 생각과 태도를 장착하고 살았는가. 삶과 사랑과 이별. 나와 너와 우리. 그리고 오늘을 대할 때 어떤 마음이었는가. 그때 나는 쓰면서 자주 슬펐고 자주 행복했다. 불안했고 우울했고 집요했고 치열했고 꾸준했다. 그리고 오늘날 그걸 들춰보는 나는 그때의 나를 바라보며 얘, 너 어쩜 이리 솔직하고 따듯하고 해사했니 하는 마음이 드는 것이다.

사는 일에 치여 쓰는 일을 내려놓은 적이 잦았다. 잔잔한 파도에도 쉬이 바스러지고 휩쓸려가는 연약한 모래알처럼 나도 모르는 곳으로 나는 계속 사라지는 것 같았다. 자주 아프고 자주 행복하고 불안하고 우울하고 무엇보다 그럼에도 사랑이 마음에 흘러넘치고. 그걸 끊임없이 추적하고 기록했던 나. 기록해야만 하는 나. 돌이켜보면 그때가 내가 생각하는 안온이라는 개념에 가까운 모양이었던 것 같기도 하다. 요즘 들어 그것이 나의 본질이라는 걸 반복해서 확인하고 있다. 내 안에 나는 다 죽고 없다 생각하면서도 미약하게나마 나는 내가 어떤 사람인지 알고 있다. 겁을 내면서도 제법 똑바로 마주 선다. 나는 존재에 대해 자기 의심을 쉬이 멈추지 못할 게 분명하다. 그러나 거기에는 틀림없이 희망도 있다. 아마 두 눈에 흙이 들어갈 때까지 그럴 것이다. 그게 나고 앞으로 남겨야 할 나일 테다.

자주 슬프고 자주 행복하고 불안하고 우울하고
무엇보다 그럼에도 마음에 사랑이 흘러넘치는,
나.

이사 올 때만 해도 전혀 예상하지 못했던 신년회를 했다. 식탁 위 맛있는 음식과 주고받는 대화, 줄 서기 시작한 와인병, 친구네 밥솥으로 갓 지은 흰쌀밥, 친구의 친구가 나눠줬다는 카레, 친구의 시어머님께서 담그신 김치를 그 위에 올려 먹으며. 내가 제주 가정집 김치를 먹게 될 줄이야. 새삼스럽고 따뜻했고 행복했다.

어른이라고 할 수 있는 나이가 되면 어딘가에 터 잡고 살아가고 있겠지. 그런 생각을 한 시기가 있었다. 장소든 누군가의 곁이든 어느 지역에서 어떤 이들과 삶을 섞으며 살아가게 될까. 현재보다 안정적으로 지내고 있을 미래에 대한 상상. 안정, 안정, 안정 그리고 정착. 자연스럽게 그 시기가 지나며 점차 작은 점이 되어 일소된 고민이다. 그리고 서른둘에 선택한 제주행은 타지에서 혼자라는 두려움보다 스스로 외롭고 싶어서 한 선택에 가까웠다. 웅크리고 있다 보면 나아질 것 같았다. 혼자 있고 싶었다. 아무도 모르는 곳에 나를 갖다 놓고 싶었다. 필요하다면 최소한의 사람들만 마주하며 지내고 싶었다. 무엇보다 더는 다치고 싶지 않았다. 그럼에도 마음의 문을 두드리며 다가오는 이웃들에게 무한한 감사를 느끼고, 여행을 명목으로 종종 곁에 머물러주다 간 친구들이 그리운 건 어쩔 수 없는 일이었다. 외롭고 싶다면서도 그들이 빠져나간 곳에서 홀로 느끼는 헛헛함이 그리 달갑지 않았다. 몸 둘 곳이 아니라 마음 둘 곳이 필요했던 건 아닐까.

 ─ 전에 내가 알던 넌 안 그랬어. 인연을 진심으로 생각하고 사람들 사이에서 얻는 건강한 에너지에 대해 뜨겁게 말하던 사람이었어. 외골수처럼, 외골수라 생각하고 그렇게 혼자서 있지 마. 수진아.

 가을날, 누군가 전해준 이야기에 눈물이 펑펑 났던 이유가 아마 거기 있었던 것 같다.
 나는 사람이 어렵지만 여전히 사람을 많이 좋아한다.

— 나이가 들수록 분수를 아는 게 중요하다는 생각을 했어요. 왜 그 드라마나 영화 보면 네 주제를 알아라 그런 의미 말고. 제가 저 자신을 돌아봤을 때 생각한 저의 분수요.

서른을 앞두고 연남동 어느 야키토리 집에서 하이볼을 기울였던 이와의 대화. 사람은 나이 들수록 자신의 분수를 알아야 한다. 분수라고 하면 어쩐지 부정적으로 들리지만 나는 성찰의 의미로 선택한 단어였다. 처지를 뜻하는 분수라기 보다 내 그릇에 대한 분수랄까. 나는 필요 이상으로 사람을 감싸안으려는 경향이 있고 불필요한 이타심 때문에 자주 아프곤 했다. 단편적인 부분만으로 쉽게 나를 오해하고 마음을 오도 가도 못하게 만드는 이들은 거리 두면 그만인 것을. 충분히 피할 수 있는 인연까지 애써 웃으며 마주하곤 했다. 이해할 필요 없는 부분까지 이해하지 못하는 내 그릇을 탓했다. 그 이유가 반드시 내 안에 있을 거라 생각했다.

세상에는 다양한 그릇이 있다. 깊고 좁은 모양, 낮고 납작한 모양, 입구보다 바닥 쪽으로 더 둥글고 볼록한 모양, 직선의 단단한 모양. 그중에 나는 가장 넓고 가장 둥글고 가장 투명한 그릇이 되고 싶었다. 한없이 다정하고 친절하고 싶었다. 세상을 몰라도 한참 몰랐다. 관계는 일방적인 다짐이나 노력만으로 이어질 수 없다. 살다 보면 다양한 이유로 가까워졌다 멀어질 수도 있는 게 인연이다. 각자 살아가는 타이밍이나 환경에 따라 서로를 잡아당기는 줄이 있는가 하면 느슨해져야 하는 순간도 필요하다. 딱히 이유가 있을 수도 있고 없을 수도 있다. 만약 이유가 있다면 상대에게 있을 수도 혹은 내게 있을 수도 있다. 어쩌면 서로가 모르는 사이에 쌍방과실일 수도 있다. 어떤 인연은 운명에 기반하기도 하며 어떤 관계는 우연에 기반하기도 한다. 무수한 그릇이 모여 사는 세상인 만큼 관계의 지속성에도 무궁무진한 경우의 수가 있다는 것을 어릴 적엔 까맣게 모르고 자랐다. 저도 인간이면서 분수도 모르고 제 그릇만 들여다보고 살았다.

— 둥근 건 각진 것보다 보관하기 어려워. 각이 있으면 모서리에 맞춰 정리하기 쉬운데 둥글면 그

릇끼리 빈틈이 많이 생겨. 그럼 자리를 많이 차지해. 너무 넓고 큰 그릇도 그래. 맨 아래 깔아두거나 세워둬야 해.

   그릇 구경 좋아하는 보애를 따라나섰다가(결국 또 엄마로 돌아왔다) 돌아오는 차 안에서 적어둔 메모. 마음의 그릇도 마찬가지다. 넓고 둥글고 투명할수록 내 안에 보관하기 어려운 마음이었을 것이다. 위태롭고 깨지기 쉬웠을 것이다. 그 안에 담긴 것들을 나조차 다 헤아리지 못하면서 함부로 헤아릴 수 있다 착각했다. 지금까지 품고 살아온 그릇을 아예 깨뜨릴 수야 없겠지만 조금은 다듬어보고 싶다. 너무 모나지 않은 둥근 각. 그래서 다른 그릇들과 그리 멀지도 가깝지도 않은 틈. 당연하다는 듯 맨 아래 깔아두거나 아슬하게 세워두지 않아도 될 크기. 투명함은 있는 그대로 가져가고 싶고요. 마음의 그릇도 손으로 주물러 성형할 수 있다면 얼마나 좋을까.

달에 두어 번 그런 날이 있다. 무언가 쓰지 않으면, 이대로 잠들면 기어코 깨어날 것 같은 날. 밤새 무언가를 써야만 내일이 올 것 같은 날. 커피를 연거푸 마셔도 괜찮은 날. 들썩이는 마음을 챙겨 집 밖으로 나선다. 여민 옷깃 사이로 새어 나오는 말들을 그러안는다. 안전하고 따듯한 곳에 눌러앉아 마음 놓고 쓸 수 있을 때까지 두 팔에 힘을 주고 걷는다. 손톱 끝이 차가워질수록 그런 날이 자주 돌아올 거라는 약간의 기대와 함께.

며칠 새 한 문장도 제대로 쓰지 못해 절망했

다가 오늘은 쓰고 싶은 마음만이 들었다. 밤새 꼳게 앉아 꼿꼿하게 쓰고 또 쓰고 싶다. 오르막길을 오르며 굽은 등허리를 가만히 받쳐주던 손이 떠올랐다.

실뭉치가 마구 뒤엉켜진 삶이었다. 시작과 끝을 찾기 위해 열어버린 서랍 속에 어린 날의 내가 있다. 다시 출발선이다 생각하면 막연하면서도, 갓 태어난 망아지처럼 후들거리며 꽤 제멋대로 뛸 수 있을 것만 같고. 아, 지나가버린 나는 잘 모르겠다. 그럼에도 어쩔 수 없이 이게 나고 오늘날 이렇다 저렇다 설명하기 어려운 나도 나라고 생각한다. 버티고 버틴다 한들 결국 다 들통나더라도 끄덕여야만 숨통이 트이는 삶이었다고.

언젠가 여기까지 적고 나니 잠이 쏟아졌다. 이

토록 복잡하고 억지로는 못 웃고 울기는 잘 울고. 이 모든 내가 나다. 그런 나를 애써 고개 저으며 산 것도 나였다. 계속 써봐야겠다. 그 모든 나와 아직 모르는 나와 가까이 앉고 싶다.

[열심히 노력하다가 갑자기 나태해지고, 잘 참다가 조급해지고, 희망에 부풀었다가 절망에 빠지는 일을 또다시 반복하고 있다. 그래도 계속해서 노력하면 수채화를 더 잘 이해할 수 있겠지. 그게 쉬운 일이었다면, 그 속에서 아무런 즐거움도 얻을 수 없었을 것이다. 그러니 계속해서 그림을 그려야겠다. — 빈센트 반 고흐.]

천진했던 시기의 글쓰기마저도 선생님이 매번 코멘트를 달아주고 검사를 했으니. 서른이 훌쩍 넘어서야 진정 나를 위한 글쓰기를 하고 있는 것 같다. 요즘 말로 표현하려고 하면 자꾸 입술이 옴짝달싹하고 뜸 들이게 된다. 무엇보다 말하다 보면 눈물부터 나서 입보다 손을 선택한다. 적절한 단어와 문장으로 표현하기 위해 골몰하는 동안 눈물이 나려 했던 찰나의 감정과 차츰 멀어지는 것 같다. 물론 쓰면서 아예 울지 않는 건 아니다. 하얀 종이나 모니터 속 하얀 화면을 차분히 들여다보며 내게 약간의 여유를 줄 뿐이다. 그래서 더 자주, 길게 쓰게 되는 것 같다.

얼마간 긴 글을 쓰기 위해 부단히 고민하고 나는 호흡이 긴 인간은 영영 못 되겠구나 싶은 시절이 있었다. 지금 내가 할 수 있는 건 가만히 들여다보고 정도에 가까운 표현을 고르는 것이다. 어느새 하얀 여백이 빼곡하게 채워져 있다. 누가 보면 기술적으로 좋은 문장도 아니고 글이 아니라 배설인가 싶다가도 여기서 그 '누가'는 그다지 중요하지 않다는 걸 깨닫게 된다. 태어나 맞이한 첫 번째 생일날, 연필을 쥐었던 나는 마냥 순진무구했겠지. 그 연필을 어떤 방식으로 쥐고 살게 될지 까맣게 모르고.

— 긴 글을 써. 그러면 너에게 더 많은 일이 일어날 거야.

해마다 오프라인 페어에 참여하고 나면 많은 순간들이 증발하기 전에 꼭 후일담을 남겨두는 편이었다. 감사로 가득한 후기. 어느 순간부터 그마저도 쉽지 않았다. 참여합니다 알리는 것도, 참여했어요 마침표를 찍는 것도 도통 어떻게 해야 할지 망설여졌다. 그리 어려운 일도 아닌데 점점 더 어려워졌다. 얼마간 인스타그램에 무언가 적고 지우기를 반복했다. 방법을 모르는 게 아니라 마음의 문제였다. 아무도 내게 짊어준 적 없지만 페어에 참여할 때마다 가방 한구석에 부채감도 한 움큼씩 챙겨 넣었다. 불안했다. 제대로 설명할 수 없는 이 상태로 테이블 앞에 선다는 것. 아직 한 번도 만나본 적 없는 이에게 진 적 없는 신세를 지는 기분에 사로잡혔다. 테이블 앞에 멈춰 서는 이들부터 이윽고 책을 데려가는 이들까지. 그 앞에서 나는 자꾸만 작아졌다. 눈앞에 놓인 나의 글과 책들. 굳이 선택지를 두고 매우 긍정, 약간 긍정, 보통, 약간 부정, 매우 부정 그중에 어디쯤에 있는지 쟀다.

나는 나를 잃어버렸다. 근 몇 년간 내 인생에 일어난 좌절 때문도 있겠지만 아주 오래전부터. 아니, 이미 이 또한 예견된 일이었을지도 모른다. 잃어버린 건지, 원래 이게 나인 건지 매일매일 상황은 현재진행형이다. 다만 전처럼 불안하고 무기력한 나를 감추고 억지로 참기보다 온몸으로 직시한다. 속절없이 세월은 흐르는데 내가 알던 나는 어디로 사라졌나. 그게 정말 나였는지, 나였다면 어디서 찾아 데려와야 하는 건지도 몰라서. 정말 그럴 수만 있다면 지구 끝까지 도망치고 싶었다. 생각을 축소시키고 감정을 부정했다. 할 수 있는 말은 줄어들고 쓸 수 있는 언어를 잃었다. 어딘가 단단히 고장 난 채 이대로 녹슬어 가기를 자청했다. 그렇게 삐거덕삐거덕 제주까지 흘러왔다. 다시 쓸 수 있을 때까지 '제발, 가늘고, 길게' 이 세 단어를 읊조렸다. 제발 실낱같은 동아줄이라도 좋으니 이것만은 놓치지 않게 해주세요. 다 가져가도 좋으니 이것만은 제게서 앗아가지 말아 주세요. 저 아직 하고 싶은 이야기가 있거든요. 꼭 해야만 하는 이야기들이 있어요.

졸업을 앞두고 수도권으로 올라갔다. 취업할 때까지 친구 집에 머물기로 하고 이삿짐을 막 풀고 있던 찰나, 거짓말처럼 면접 봐둔 회사에서 최종 합격 문자가 왔다. 남들 다 알 만큼 대단한 회사는 아니었지만, 순간 두 손으로 입을 틀어막을 만큼 무척이나 기뻤다. 오래전부터 나를 꼭 필요로 하는 작은 곳에서 작은 보탬으로 사회생활을 시작하고 싶었기 때문이다. 회사는 삼성역 코엑스 근처였다. 동탄에서 새벽 6시 45분 버스를 타면 강남역에 도착했다. 지하철로 환승해 삼성역에서 내리면 코엑스 통로를 지나 회사까지 15분 정도 걸어야 했다. 비가 오나 눈이 오나 코엑스 통로는 지붕이 되어주었다. 횡단보도를 건너 골목으로 들어서면 1층에 고깃집, 2층에 노래방, 3층에 바로 그 회사가 있었다.

여느 스타트업답게 업무가 굉장히 많았다. 달마다 그만두는 사람과 새로 입사하는 사람이 생겼다. 인원이 자주 바뀌었어도 그만큼 남은 동료끼리는 더욱 끈끈했다. 우리는 아침에 출근하면 화장실 가는 시간을 제외하곤 하루에 열두 시간 이상을 꼬박 붙어 지냈다. 해 뜬 날 퇴근한 적이 손에 꼽았고 문 닫힌 코엑스 상점들을 지나 삼성역 마지막 지하철을 타기 위해 발걸음을 재촉하곤 했다. 어릴 때부터 집을 떠나 살았던 나는 가족들과도 그렇게 지낸 적이 기억 속에 까마득했다. 같이 살던 친구와 서로 잠든 얼굴만 확인하며 몇 개월이 흘러갔을 무렵 신도림에 집을 구해 이사했다. 그 후로는 자정이 넘어 퇴근하면 택시를 타고 올림픽대로를 달렸다. 그때 올림픽대로에서 바라본 강 건너의 불빛들에게 뜬금없이 위로받기도 했었지. 모두들 이렇게 살아가는구나. 나도 그들 사이에 있구나. 그런 식으로 안도했다.

그곳을 떠올리면 좋은 기억도 있다. 스타트업인 데 비해 회사는 그들이 할 수 있는 선에서 나름대로 우리를 위한다고 애썼다. 일이 많아 바쁘고 힘들다 보니 여유가 없어 서로에게 모든 면면이 깊숙이 와닿지 못했을 거라고. 분명 그들도 그들만의 노력을 했을 거라고. 당시에도 생각했고 지금도 역시 그렇게 생각한다. 지나고 보니 좀 더 이해하는 부분도 있다. 그렇다고 해서 그들이 내게 한 일들이 사라질 리 없겠지만. 면접 때부터 강조하기를 직원의 행복이 곧 회사의 비전이라고 했다. 개별 면담 때마다 회사에 바라는 게 있냐는 질문에 나는 꽤 솔직하게 대답하는 편이었다. 업무가 과중해 몸과 마음이 지친 동료들을 걱정했고 입장을 최대한 다듬어 딴에는 예를 갖춰 전달했다. 그게 모두를 위한 거라고 생각했다. 회사는 입이 있어도 그러면 안 되는 곳인 줄, 이제 갓 사회

초년생이 뭐 알 리가 있나. 면담 때마다 자녀가 없는 그들은 할 수만 있다면 나 같은 딸을 입양하고 싶다 입이 닳도록 얘기했다. 그 말이 정말 진심이라고 믿었다. 언젠가 내 사적인 목표에 대해 물었을 때 나는 사람들에게 위로가 되는 콘텐츠를 만들고 싶다고 대답했다. 글, 사진, 그림 중 어떤 방식이 됐든 그런 결의 일을 하고 싶다고 했다. 그리고 나는 회사의 전반적인 브랜딩과 그와 관련된 기획, 디자인을 맡게 되었다. 나라는 한 개인의 방향성과 회사의 방향성이 일치한다고 판단했던 그들의 제안이었다.

회사는 상승곡선을 그렸다. 그럴수록 사람들은 차츰 아프기 시작했다. 출근길에 쓰러져 병원에 실려간 이도 있었고 예비군 훈련에 지속적으로 불참해 벌금을 내야 하는 이도 있었다. 나 또한 불규칙한 생활 탓에 몇 개월째 생리혈이 나오지 않았다. 어느 새벽엔 퇴근하고 귀가하자마자 기억을 잃고 응급실에 실려가기도 했다. 허리 디스크가 시작됐고 손목과 어깨의 염증은 회복될 겨를 없이 악화되기만 했다. 의사가 뭐래? 쉬어야 낫는다는데 쉴 수가 있나. 서로 안위를 물어도 크게 달라지는 건 없었다. 해가 길어지는 계절이면 더 일찍 출근하고 더 늦게 퇴근해야 했다. 그럴 바엔 차라리 회사에서 자는 날도 있었다. 우리는 매일 같은 장소에 머물렀지만 어쩐지 점점 산소가 부족한 것 같았다. 숨이 막혔다.

여기저기 병든 선원들을 싣고 순항하는 줄만 알았던 회사는 홈쇼핑 진출이라는 큰 항해를 앞두고 하나의 사건을 맞이하게 된다. 누군가 비방글을 프린트하여 CEO 책상에 올려둔 것이다. 그날

저녁, 그들은 나를 제외한 모든 직원들을 회사 앞 카페로 한 명씩 불러내기 시작했다. 분위기가 묘하게 흘러갔다. 설마 싶었지만 끝끝내 내 차례는 오지 않았다. 면담에 다녀온 동료들이 하나둘 모여 발을 동동 구르며 상황을 전달했다. 그들은 명백히 나를 지목해 의심하고 있었다. 그날 나는 예정된 야근을 하지 않고 곧바로 가방을 챙겼다. 엉엉 울며 코엑스 통로를 지나 삼성역까지 걸어갔다가 도저히 사람 많은 2호선에 탈 자신이 없었다. 밖으로 나와 길가에 서서 제발 누구라도 날 태워달라고 양팔을 마구 흔들어댔다. 택시에 타자마자 무릎에 고개를 묻고 꺽꺽거리기 시작했다. 라디오에서는 소녀시대 노래가 흘러나왔다. 기사님은 내 울음이 그치지 않자 이내 라디오 볼륨을 줄여버렸다.

그때 우리는 다 너무 어렸다. 나를 지키는 법을 몰랐고 우리를 지키는 법을 몰랐다. 서로를 지킬 힘도 없었다. 다음 날부터 하루하루 지옥이나 다름없었다. 보고서를 올리면 무시당했다. 대화를 시도했지만 묵살당했다. 며칠간 밤새 동료들과 통화를 오가며 상황을 돌파할 방법을 모색했지만, 이미 그들이 나를 콕 집어 지목한 이상 별다른 수가 없었다. 얼마간 동료들이 나서서 비방글의 작성자가 내가 아니라 아무리 증명해도, 그들은 내가 아니고서야 그런 글을 쓸 수 없다며 역정을 냈다. 우리 회사에서 글이란 걸 제대로 쓸 줄 아는 사람은 걔밖에 없다며 못을 박았다. 그때 나는 그 회의실 밖에 앉아 있었다. 그들은 사람을 살리는 콘텐츠를 만들고 싶다는 내 꿈을 알고 있으면서도 내가 타인의 마음을 죽이는 글을 썼다고 몰아갔다.

나는 그만두기로 마음먹었다. 작성자가 나라고 생각해서 그들의 마음과 상황이 잠잠해질 수 있다면 그냥 내가 사라져 주는 게 나을 것 같았다. 긴 편지로 내가 할 수 있는 해명도 다 해보았지만 달리 선택할 수 있는 게 없었다. 회사는 창립 이래 가장 중요한 순간을 앞두고 있다 해도 과언이 아니었다. 배는 난파선이 되기 일보 직전이었고 그들에게 내가 버리는 선원이라면 하루빨리 그 배에서 뛰어내려 주는 게 남은 이들을 위한 거라고 판단했다. 애먼 누군가 또다시 지목되어 나처럼 상처받기를 원하지 않았다. 사직서를 제출하는 지경에 이르러서야 그들은 내게 그 종이를 보여주었다. 프린트된 몇 장의 종이를 두 눈으로 확인한 순간, 손가락 끝까지 피가 차게 식었다. 직접 보니 더 기가 막혔다. 내용인즉슨 온통 비난뿐, 무엇을 원하는지도 어떤 개선을 바라는지도 알맹이가 될 만한 목적도 내용도 없었다. 앞뒤 맥락도 엉망인 데다 심지어 맞춤법과 띄어쓰기도 틀렸다. 이런 걸 내가 썼다고 몰아갔다니.

그들은 이대로 내가 그만두면 안 된다고 생각했는지, 나를 설득했다가 회유했다가 그래도 안 되자 화를 냈다. 심증으로 의심했다더니 정황이라 말을 바꾸고, 그 정황이란 바로 얼마 전 있던 사건 때문이었다. 인간의 슬픈 예감은 왜 틀린 적이 없나. 홈쇼핑 방송 때문에 패키지 공장에 최대한 물량을 앞당겨 받으라는 지시에 동료가 새벽마다 거래처에 찾아가 무릎 꿇고 손이 발이 되도록 빌고 빌어 받아온 일정. 이미 그런 식으로 몇 차례 당긴 일정을 또 한 번 당기라는 말에 나는 모두가 있는 앞에서 단호히 선을 그었다. 그리곤 개별 면담에 들어가 몇 시간 동안 엉엉 울며 이야기했다. 이런 말씀 드려서 죄송하다, 직원들이 행복한 회사가 정말 어떤 건지, 제발 다시 한번 돌이켜 보시기를 간곡히 부탁드린다고 권했던 바로 그날. 애초에 왜 나를 불러 물어보지 않았던 걸까. 그랬다면 상황이 좀 달라졌을까. 그렇다 한들 변하지 않는 사실 하나. 나는 그 비방글을 쓴 사람이 아니다. 하다못해 그들은 내게 나를 의심한 이유를 이해해달라고, 대표님이 받은 충격이 사그라들 때까지 조금 더 기다려 달라고 종용했다. 나는 더 버틸 힘이 없었다. 허공에 시선을 던져두고 이 지긋지긋한 상황이 일 초라도 빨리 종료되기를 되뇌었다. 내가 거기서 하루이틀 더 버텨보더라도 상황은 나아질 리 없었다.

하루아침에 모든 일상이 끊겨버렸다. 눈 뜨고 감기 직전까지 종일 살다시피 했던 회사. 동료들과 갑작스레 이별해야 한다는 현실이 무엇보다 견디기 힘들었다. 일이 힘든 건 나의 선택이니 얼마든지 책임지고 감수할 수 있었다. 사람 때문에 버텼다가 사람 때문에 삶이 중단됐다. 얼마 지나지 않아 작은 원룸에 앉아 그들의 홈쇼핑 방송을 시청했다. 방송은 성공적이었다. 그맘때쯤부터 이마에 뾰족한 송곳으로 주홍 글씨를 새기는 악몽에 시달리기 시작했다. 퇴사 후 몇 개월 동안 퇴직금이 들어오지 않았다. 그 사이 그들은 내가 그걸 작성한 범인이라는 것을 기필코 증명하겠다며 내가 쓰던 컴퓨터를 분해하고 남은 동료들을 끊임없이 불안하게 만들었다. 일 년 사이에 사람들은 하나둘 회사를 떠났다.

아직까지도 종종 현실에서는 이뤄질 리 만무한 꿈을 꾼다. 꿈속에서 그들은 내게 찾아와 용서를 구하고 나는 용서하지 않겠다며 악을 쓰고 도리질 친다. 나는 내가 짓지 않은 죄를 짊어지고 여기까지 왔다. 내가 아니라는 걸 누구보다도 나 자신이 알고 있으면 괜찮을 거라고 여겨서 했던 선택이었지만, 아무리 떨치려 해도 주인 없는 죄책감은 이날 이때까지 끈질기게 달라붙어 있다. 떨쳐내도 떨쳐내도 나를 숙주로 삼고야 말겠다고 달려드는 악귀처럼 뒷덜미를 물고 늘어진다. 언젠가 오랜만에 만난 친구가 물끄러미 나를 바라보다 입을 열었다. 수진아, 너도 처음부터 좋은 회사를 만났으면 꾸준히 잘 다니고 있을 거야. 그런 일이 없었다면 별일 없이 사회생활 잘하고 있을 거야. 요란한 전철 안에서 나지막한 친구의 목소리가 정확히 고막을 뚫고 심장까지 들어왔다. 친구는 그 모든 일이 절대 내 탓이 아니라고 말해주고 있었다. 거기에 나는 아무런 대답도 할 수가 없어서 차창

너머로 시선을 돌렸다. 대답할 수 없는 마음을 언젠가 글로 써야만 했다. 이게 뭐라고 8년이 걸렸나. 테이블 앞에 설 때마다 함께 데려와 세워놨던 부채감은 내내 품고 살았던 이 안에 숨어있었다.

아주 오랫동안 사람들을 용서하지 못했다. 증오하고 원망했다. 용서하지 않으면서 용서한 척. 함부로 사람들에게 다시 사랑한다고 말했다. 사랑하자고 적었다. 괜찮다고 썼다. 괜찮을 거라고 건넸다. 행복하자고. 행복할 거라고 장담했다. 그러지 못하면서 함부로 그러자고 말했다. 여전히 사람들이 어렵지만 사람들을 사랑하고 싶다. 안아봐도 되냐고 묻고 싶다. 안아줄 수 있냐고 묻고 싶다. 나는 여기서 너는 거기서, 멀리 있어도 가까이 있어도 많이 아프지 않았으면 좋겠다고. 우리는 다 행복했으면 좋겠다고. 사랑이 무언지 묻고 또 묻고 싶다. 이런 식으로 사람을 사랑하려면 꼭 그만한 대가를 치러야 했던 걸까.

 몇 년간 근처에 발길조차 들르기를 꺼렸던 삼성역과 코엑스. 리틀프레스페어를 신청하며 용기를 냈다. 페어 이튿날, 독립출판 이웃들과 함께 저녁을 먹기로 했다. 각자 짐을 이고 지고 나란히 코엑스 통로를 걸었다. 건물 밖으로 나가니 비가 오고 있었다. 둘씩 우산을 쓰고 우연히 익숙한 길과 익숙한 횡단보도를 건넜다. 많고 많은 식당 중에 우연히 회사가 위치했던 건물 밑에 섰다. 1층 고깃집은 다른 간판으로 바뀌었지만 2층 노래방은 그대로였다. 더는 건물에 그 회사와 사람들은 없었다. 썩 괜찮은 의미로 심장이 별로 뛰지 않았다. 이웃들과 그 아래에서 잠시 비를 피하다가 맞은 편 중식당으로 들어갔다. 둘러앉아 잔을 부딪치고 맥주 한 모금, 짬뽕 국물 한 모금, 단무지 한입에 물 끄러미 이웃들의 얼굴을 바라보다가 유리 문밖에 우뚝 서 있는 건물을 바라보았다. 우연. 이 모든 것은 우연이다. 그리고 스물다섯 저 건물 안에서 일어난 사건도 내 인생에 일어난 우연이라고 생각했다. 목구멍에서 뭔가 치밀었지만 울화 같은 건 아니었다. 누군가 보고 싶다는 말이었다.

퇴사 후 힘든 시절에 만난 독립출판은 어떻게든 내 멱살을 잡고 여기까지 삶을 이끌었다. 사람들이 그립고 혼자 하는 일이 고단할 때쯤이면 산소호흡기를 더듬거리듯 북페어 신청서를 작성한다. 할 때마다 체력적인 고단함에 다음 페어 신청은 건너뛸까 싶다가도 때가 되면 또 테이블 앞에 서고 싶다. 이웃들과 어깨를 나란히 맞대고 싶다. 그들 사이에서 나는 마음껏 울고 웃어 보인다. 아무래도 괜찮다. 누군가 굳이 말해주지 않아도 그래도 될 것만 같은 기분이 든다. 다시 사람들을 진심으로 사랑할 수 있을 것 같다.

 썰물처럼 하루가 지나갔다. 몸뚱이는 제주에 있지만 마음은 내내 코엑스 라이브 플라자 어딘가에 누워있다. 그런 며칠을 흘려보내며 이 글을 적고 있다. 가슴팍에 영영 메워지지 않을 것 같던 구멍 하나로 개운한 바람이 들어온다. 40도가 훌쩍 넘는 열탕에 들어간 것처럼 견딜 수 없이 뜨겁지만, 일면 시원하고 물렁한 눈물 덩어리가 왈칵왈칵 흘렀다. 아, 골이야. 이제는 뭐 딱히 남은 구멍이 메워지지 않아도 별 상관없을 것 같기도 하다. 지금도 나는 살다 보면 괜한 마음 때문에 자꾸만 뭐가 조심스럽고 이런저런 얘기를 털어놓고 나면 자꾸만 눈치가 보인다. 또다시 신세 진 기분이 든다. 주인 없는 죄책감이 어깨너머 고개를 내민다. 상황이든 감정이든 혼자 해결하는 편이 차라리 낫다고 여겼지만 아주 조금은 끄덕인다. 몸이든 마음이든 덥석 업히고 안기고 기대고 신세 좀 지고 자꾸만 부대껴야 우리에게 다음, 그다음이 있다는 것을. 해가 뜨고 지도록 불을 켜지 못한 채 침대에 누워있다가 현경에게 메시지를 보냈다.

― 다음에 또 만날 수 있을까요?
― 물론이죠. 우리는 또 만나게 됩니다.

그럭저럭 지내다가도 별안간 달라진 게 없다는 걸 깨닫고는 곧잘 초라해진다. 날개뼈가 시리도록 가난해진 기분이 든다. 탓할 수 있는 건 없다. 입버릇처럼 계절을 핑곗거리 삼아 볼 뿐. 겨울이라 그래. 너무나도 겨울이라. 그렇게 말하곤 시선을 돌렸다. 차창을 프레임 삼아 뭐 하나 걸리적거리는 것 없이 멀끔한 배경 위로 앙상하게 서 있는 것들을 사랑하곤 했다. 겨울이 건네주는 희망이나 절망 같은 걸 떠올린다. 아무래도 겨울은 도무지.

미워하는 힘으로 살고 싶지 않았다. 아주 오랫동안 그랬다. 혼탁하고 묵직하고 퀴퀴한 그걸 홀로 안고 살아가는 건 불공평한 일이다. 그런 걸 이고 지고 가는 데에 얼마 없는 에너지를 쏟는 게 싫다. 나 편하자고 이해하고 용서한다. 나만 아는 내 이기심이라 여겼다. 마음과 달리 미워하는 일에 온갖 힘이 집중되는 날은 무척이나 피로하다. 이따금 괴롭기도 하다. 괴롭고 또 괴로운 날이 이어졌다. 드디어 오늘은 해가 떠 있는 내내 미움 한 점 없는 날이었다. 눈에 담은 대부분의 순간들이 곱고 맑고 담백했다. 내키면 통화 버튼을 누를 수 있을 것 같았다. 미간에 주름 한 자 새기지 않고 해가 저물었다. 나쁜 꿈을 꾸지 않을 수 있을 것 같았다. 오늘부터 밤보다 낮이 길어진다. 그렇다면 내일부터 다행이다. 다행인 걸까. 모로 누워 어떤 게 다행인지 모르겠다 생각했다. 기울어진 뺨으로 기울어진 눈물이 흐른다.

— 엄마는 이제 네가 그만 썼으면 좋겠어.

 통화 내내 소리 죽여 울었다. 아무런 대답도 할 수 없어서 이제 그만 끊고 싶다 말했다. 보애는 내가 쓰는 삶을 선택해서 슬프다고 생각하는 모양이었다. 나는 슬퍼서 써야 했다. 보애를 포함한 많고 많은 사람들 중에 하필이면 슬픔을 동반한 사랑들이 내 곁에 들렀다 떠나기를 반복했다. 이상하다. 그들은 하나같이 영원을 약속해 놓고 허공으로 흩어졌다. 처음부터 없었던 사람처럼 텅 빈 메아리와 유기된 마음은 홀로 남은 내 몫이었다. 나는 너무 슬퍼서, 언제부터 삶에 끼어들었는지 모를 이 슬픔을 어딘가로 옮겨 적지 않으면 잡아먹힐 것만 같아서 쓰기 시작했다.

쓰면서 많은 감정들을 마음껏 마시는 순간들이 있는가 하면, 때마다 손님처럼 찾아오는 슬픔은 나와 나를 둘러싼 주변에 골칫거리로 남아있다. 슬퍼서 쓰고 나면, 슬픈 것들을 적고 나면 슬픔과 나 둘 중 어떤 것이 문제인지 알 수 없는 순간과 마주하기도 한다. 아직은 슬픔을 적는다고 해서 거기서 발을 떼는 법을 좀처럼 알 수 없다. 등에 업힌 슬픔을 겨우 내려놓고 잠시 앉아 숨을 고를 뿐이다. 다시금 엉겨 붙는 슬픔을 도저히 외면할 수가 없다. 이것은 누가 내게 짊어 준 숙제일까. 엄마일까. 슬픔일까.

엄마, 나는 왜 이렇게 된 걸까요.

나는 정말이지 사람들을 사랑하고 싶었어요.

나 아홉 살 때요. 물건이 부서지고 큰 소리가 오고 간 겨울밤이었어요. 내복 차림에 맨발로 이웃집에 뛰어 올라가 엄마를 좀 살려달라고 외쳤어요. 엄마도 울고 나도 울었어요. 엄마는 다음 날 아침 일찍부터 우리를 깨웠어요. 예쁘게 입혀서 어디론가 데려갔어요. 우리는 커다란 유리 너머 어항 속에 파랑 물고기도 보고 노랑 거북이도 보고 긴 뱀도 만졌어요. 얼굴만 한 소라껍데기에 귀를 갖다 대보기도 했어요. 엄마는 자꾸 사진을 찍어준다고 카메라를 꺼냈어요. 동생은 자꾸 윙크도 하고 브이도 하고 웃었어요. 나는 웃을 수가 없었어요. 그게 우리의 마지막 여행인 줄 알 았거든요.

새해 인사를 핑계로 여러 사람과 안부를 나누고 그들에게 감사함을 전했다. 어떤 이에게는 염려를, 어떤 이에게는 격려를 전하기도 했다. 며칠 동안 마음 한편에 가족들과의 신년 인사는 어떻게 해야 할지 가시처럼 콕 박혀있었는데 웬걸, 동생이 고맙게도 하트까지 날려가며 선수를 쳤다. 그리고 그냥 그 밑에 새해 복 많이 받고 건강하고 행복하자고 덧붙였다. 이 사람 저 사람에게는 잘도 주절대고 사랑한다 고맙다 감사하다 떠들어놓고. 혼자서 새해 첫날을 보내는 일은 늘 하던 일이라 익숙하다. 연례행사처럼 대청소를 하고 부질없는 걸 알지만 부질 있기를 바라는 계획들을 정리한다. 그리고 떡만둣국을 끓여 꼭 바닥까지 들이킨다.

하던 공부에 새해부터는 정을 들여보고자 일요일마다 스터디하는 날로 정했다. 가방에 바리바리 짐을 싸서 나왔다. 예상은 했지만 역시나 도중에 피할 수 없는 주제가 나왔다. 가을부터 내가 가장 큰 비중을 두고 고민하는 주제이기도 하다. 예나 지금이나 나는 가족, 피붙이가 아닌 이들에게 더 깊은 애정을 느끼곤 한다. 그에 반해 가족에게는 정작 그만큼 표현하지도, 마음이 가닿지도 못할 때가 많다. 여러 가지 이유로 상담을 받기 시작했지만 오늘날의 일그러진 자화상이 가족으로부터 만들어졌다는 것. 특히 아빠와 엄마, 부부로서의 그들, 인간으로서의 그들이 지금 내 얼굴의 거울이 된 셈이다.

 몇 해 전 친구에게 비슷한 고민을 털어놓은 적이 있다. 친구는 말했다. 글쎄 네가 먼저 나서는 게 맞을까. 혼자 나선다고 해결될 일은 아닌 것 같아. 나는 부모가 먼저 나서서 너에게 손을 내밀어야 하는 게 맞다고 봐. 내가 부모가 되어보니까 그게 맞더라고. 애 낳고 보니까 더 그래. 신랑한테도 늘 얘기해. 절대로 애한테 뭐가 강요하거나 바라지 말자고. 쟤는 자기가 태어나고 싶어서 태어난 게 아니라 우리가 선택했기 때문에 이 힘한 세상에 나온 거라고. 그러니까 우리가 해야 할 일은 쟤를 끝까지 지지하고 아프고 힘들 때 보호해야 한다고. 그건 그러니까, 수진이 네가 아니라 부모가 먼저 손을 내미는 게 맞다고 생각해(그 끝에 역류 방지 쿠션에 누워 곤히 자는 아기를 향해 '저놈 시키

지금 이렇게 죽을 똥 살 똥 키워놓으면 나중에 여자친구 데려와서 애미는 거들떠보지도 않겠지' 했던 친구의 농담 반 진담 반도 생각나네). 나도 내가 언젠가 부모가 된다면 부모로서 그래야 한다고 생각해 왔어. 친구에게 절대적으로 공감하면서도 마음 한편이 이상했다. 그런데 난 아직 부모가 아니잖아. 그럼 나한테 손 내밀어 줘야 하는 건 누구지.

여름날 수영 강습을 등록하는데 회원 등록카드에 보호자 연락처를 적는 공란이 있었다. 맹한 얼굴로 대답했다. 전 보호자가 없는데요. 그리고 한참을 서서 고민했다. 그럼 유사시에 바로 와주실 수 있는 분이라도 적어주세요. 어디 보자. 지금 물리적으로 가까이 사는 친구들을 적어야 하나. 또 서서 볼펜을 돌렸다. 그러다 결국 설마 그럴 일이야 생기겠나 싶어 공란으로 제출했다. 왜 그랬을까. 가족과 떨어져 있어서? 비행기 타고 제주까지 건너오는 건 시간과 비용이 드는 일이니까? 어차피 그사이에 이미 난 잘못되고 혼자 살던 내 공간을 정리할 가족들이 걱정되어서? 모르겠다. 그런 이유들은 이렇게 적으며 생각난 것들이다. 그 순간에는 한 치의 망설임도 없이 '난 보호자가 없다'는 말이 먼저 튀어나왔다. 한동안은 이게 심리적 독립을 뜻한다고 여겼다. 상담을 시작하고 나서야 비로소 그게 '독립'이 아니라 '고립'이라는 걸 깨닫게 됐다. [고립(孤立) 명사: 다른 사람과 어울리어 사귀지 아니하거나 도움을 받지 못하여 외톨이로 됨.]

 살면서 타인에 대한 범주가 조금씩 변하며 나는 어느 순간부터 그들 또한 모조리 타인의 범주 안에 포함시켰다. 그리고 여전히 그 생각과 결론에 대해서는 변함이 없을 거란 게 지금의 나다. 지난가을에서야 나는 여든일곱의 나와 열두 살의 나를 마주했다. 내 안에는 너무 빨리 자라버린 탓에 이미 세상을 다 산 노인네와 열두 살쯤 여전히 울고 있는 어린 날의 내가 있다. 서른둘의 나는 온데간데없다. 어린 날 보애와 후식을 통해 겪은 일련의 사건들. 내 일부는 그 시절에 결박되었다. 회피하기 위해 너무 빨리 늙거나 발목이 묶여 제때 자라지 못했다. 때론 체념하고 포기하고 달관한 것처럼 어쩔 수 없다고만 여겼다. 평생 화목하기만 한 가족이 어디 있으랴. 누구에게나 가정사는 있지. 내가 보고 듣고 경험한 일들은 아무것도 아닐 거야. 그러다 어느 날 문득 억울하고 울화가 치밀고 상처받은 내가 아직 거기에 살고 있다고 불쑥 튀어나오는 것이다.

실은 어렴풋이 그 존재는 알았지만 달랠 방법을 몰라 그저 입 다물고 살았던 것 같다. 혼자 그런 나를 둘러업었다가 끌어안았다가 때론 내려놓고 같이 좀 걷기도 하며 어르고 토닥이고. 고향에 갔다가 업둥이로 들어온 젖먹이 강아지에게 분유를 먹이다 보애에게 물었다. 엄마는 나 키울 때 어땠어. 너? 너야 성인되기 전까지는 편했지. 사춘기가 있기를 했나. 어디 가서 나쁜 짓을 하고 다니기를 했나. 편했지. 넌 오히려 스무 살 넘어가면서부터 속 썩였어. 너 하고 싶은 거 한다고 했을 때부터. 난 얘가 뒤늦게 사춘기가 왔나 했다니까. 내 인생의 암흑기를 그녀는 편했다고 표현한다. 하하. 내가 그땐 그랬지 그랬어. 나는 이 연극을 언제까지 할 수 있을까. 정말 그 아이를 달랠 수 있는 건, 손 내밀 수 있는 건 나뿐인 걸까.

오늘 5강에서 나온 이야기.

「강영우 박사는 어린 시절 사고로 후천적 시각장애인이 되었다. 큰아들이 세 살 반 무렵, 나도 눈 뜬 아버지가 갖고 싶어요. 우리 아버지는 운전도 못하고 야구도 못해요. 자전거가 배우고 싶어요. 우리 아버지 눈을 뜨게 해주세요- 라는 기도를 들었다고 한다. 그날이 실명 선고를 받은 순간보다 더 가슴 찢어지는 날이었다고. 이후 매일 밤 아버지는 아들이 잠드는 침대 곁을 지키고 앉아 손가락으로 동화책을 읽어주기 시작했다. 자신의 찢어지는 심정과 아들의 기도를 교육의 기회로 발판 삼은 것이다. 그리고 그 밤들이 모여 아버지에 대한 아들의 생각을 변화시키는 계기가 되었다.」

갑자기 까맣게 잊고 살던 기억이 떠올라 스페이스바를 눌러 강의를 멈췄다. 그리고 아무도 없는 조용한 카페에서 혼자 흐느끼기 시작했다. 집안의 물건이 부서지거나 고성이 오고 간 날이면, 어김없이 내 이불에 들어와 몸을 밀착했던 사람. 나를 끌어안고 연신 내 등을 토닥이며 미안하다고 말했던 사람. 그때 눈물을 참고 자는 척하며 맡았던 보애의 냄새가 기억나지 않는다. 나는 도대체 무엇이 사무치게 밉고 동시에 사랑해서 이토록 괴로워야 하는 걸까. 갈수록 왜 사랑받은 순간들은 옅어지고 상처받은 순간들만 짙어질까. 정말 모두들 다 잊고 이제는 괜찮은데 나만 못 잊고 사는 걸까. 여섯 살에 엄마의 엄마를 여읜 엄마가 이 정도면 내게 최선을 다한 거 아니냐며 또 나 자신을 다그친다. 그래서 서른둘의 나는 도대체 뭘 바라는 거냐며.

부모란 무엇이며 부모가 된다는 것은 어떤 가

면을 짊어져야 하는 걸까. 가을부터 거기에 대해 수많은 질문을 하고 답을 찾고 있다. 꼬리에 꼬리를 물고 늘어진다. 언젠가 읽었던 책에서 그랬다. 부모가 된다는 건, 그 순간부터 죽을 때까지 평생 연기를 해야 하는 거라고. 그렇다면 오늘날, 연기를 하고 있는 건 엄마일까 나일까. 이 연극 끝에 커튼콜에서 우리는 웃게 될까. 울게 될까. 가족 카톡방에는 내 메시지를 마지막으로 아무런 대답이 없었다.

― 가끔은 일찍 돌아가신 외할머니께서 지금껏 엄마가 많이 외로웠으니까, 앞으로는 사는 동안 더 이상 외롭지 말라고 나를 점지해 주신 건 아닌가. 그런 생각을 하며 자랐어요. 아주 어릴 때부터 그랬던 것 같아요. 이제 저도 많이 자랐고 살면서 이런저런 일들이 많아서 기억의 일부가 많이 사라졌는데 그 시작점은 아마도 제가 여섯 살 무렵이었던 것 같아요. 엄마는 어릴 때 이야기를 굉장히 동화처럼 들려주려고 했던 것 같아요. 저는 그게 더 슬펐어요. 왜 슬픈 이야기를 동화처럼 들려줬던 걸까요. 엄마가 불쌍했어요. 저는 지

금도 슬프고 아픈 사연을 억지로 밝게 이야기하려는 사람들을 보면 마음이 찢어질 것 같아서 눈물이 나요. 여섯 살에 엄마의 엄마를 잃는다는 건 어떤 기분이었을까요. 마침 저는 그때 여섯 살이었고 그런 기분을 상상하면 도저히 견딜 수가 없는 기분이었어요. 견딜 수가 없는 기분이 어떤 건지 알 수 있는 나이가 아녔을 텐데 지금의 표현으로 해보자면 그런 기분이었어요. 그래서 돌아가신 외할머니가 나를 엄마의 엄마 대신으로 보낸 건 아닐까 그런 생각을 하곤 했어요.

— 어, 수진 씨. 저는 지금 그 이야기가 굉장히 충격적이네요. 엄마의 엄마라. 그러니 애어른이 될 수밖에 없었겠죠. 다른 결의 이야기이지만 게임 중독에 빠진 아들을 데려온 어머님이 계셨거든요. 그 어머님의 성장 과정에는 배움에 대한 결핍이 깊었어요. 더 배우고 싶었는데 그럴 수 없는

환경에서 자라셨죠. 그래서 아드님께 최대한 많은 배움을 전부 해주고 싶어 하셨어요. 그게 결국 아드님이 게임 중독에 빠진 이유였어요. 아드님은 그 환경이 맞지 않았던 거였죠. 그때 그 어머님이 그런 말씀을 하셨어요. 아들에게, 아들의 인생에 날개를 달아주고 싶었어요. 내가 못 해본 걸 다 해주고 싶었어요. 이렇게 말씀을 하시더라고요. 아드님의 인생과 어머님의 인생은 별개일 텐데 그 말이 저는 충격으로 다가왔거든요. 그런데 지금 수진 씨가 하는 말들이 그만큼 충격으로 다가와요. 수진 씨는 어머님의 부모가 아니잖아요. 수진 씨의 인생과 어머님의 인생은 별개예요. 분리하셔야 해요. 엄마의 엄마인 것 같은 순간들을 느끼며 자랐다라. 어린 수진 씨가 부담스럽고 힘들었겠네요.

— 부담스럽다고 생각한 적은 한 번도 없어요.

저도 돌이켜보면 엄마가 본인이 경험하지 못한 환경들을 제게 제공하려 많이 노력하셨던 것 같아요. 그 어머님처럼요. 돌아가신 외할아버지가 큰이모를 유독 예뻐하셨고 그 이모는 대학까지 다녔대요. 작은이모는 어릴 때 아팠어요. 그래서 어릴 때부터 엄마가 엄마의 부재를 대신하는 역할을 한 것 같아요. 새 외할머니가 막내 외삼촌을 낳고 누워 계셨을 때, 산모가 미역국을 먹고 몸을 풀어야 한다는 걸 열네 살이 어떻게 알았을까요. 새 외할머니는 아직도 그 얘기를 하세요. 그때 보애가 뭘 알고 그랬는지 민섭이 낳고 누워있는 나한테 어머니 미역국 잡수셔야 한다면서 끓여다 줬다고요. 저는 그 이야기를 들었을 때도 눈물이 날 것 같았어요. 고사리손으로 제 엄마의 제사상을 차리고 아픈 동생을 업고 고개 넘어 학교에 데려다주고. 엄마는 너무 어릴 때부터 그냥 엄마로만 살아온 것 같아요.

― 얼마 전에 친구가 그런 얘기를 하더라고요. 수진 씨, 물이 어디서 어디로 흐르죠?

― 위에서 아래로요.

― 부모 자식 간의 사랑은 그런 거예요. 사랑은 위보다 아래로 향해야 해요.

― 내리사랑 말씀하시는 거죠?

― 그렇게도 말하죠. 본인이 진 빚이 아닌데 자꾸 짐이나 빚이라고 생각하고 짊어지려 하지 마세요. 위로 퍼주려 하지 말고 지금부터 잘 아껴야 해요. 받은 사랑을 잘 기억하고 모았다가 나중에 소중한 자녀가 태어나면 아껴둔 그 사랑을 마음껏 다 퍼줄 수 있어야 해요. 사랑은 그렇게 위에서 아래로 흘러야 해요. 수진 씨도 인생이 굽이굽이 외로웠을 거예요. 엄마와 자녀의 관계는 사회성의 시작이에요. 본인은 의도하지 않았겠지만 나보다

상대방을 먼저 생각하는 습관으로 관계의 첫 단추가 끼워졌어요. 그렇게 잘못 입은 옷이 수진 씨 살갗과 붙어버린 거죠. 나도 모르게, 저절로 나보다 상대를 먼저 생각하죠. 그래서 뒤늦게 관계로부터 상처를 많이 받았을 거예요. 나부터 생각해야 해요. 잘못 입은 옷이 피부에 달라붙은 채로 살아왔어요. 이제부터 억지로라도 그 옷을 벗으셔야 해요. 피가 나도 지금부터라도 하나하나 떼어내셔야 해요. 이제 와 벗으려 하니 살갗에 딱 달라붙어서 지금 수진 씨는 피가 철철 나고 아플 수밖에요.

— 너무 어려워요. 선생님. 눈에 보이는 상처라면 약이라도 바를 텐데 제가 뭘 어떻게 해야 하는 건지 모르겠어요.

— 부모님은 이미 삶을 거의 다 이뤘어요. 열심히 사랑도 하고 결혼도 하고 이렇게 수진 씨도 태어났고 이만큼 컸죠. 수진 씨야말로 앞으로 갈 길

이 한참 남았어요. 지금부터 사랑을 잘 모으셔야 해요. 훗날 정말 아끼고 사랑하는 사람을 만나 가족을 이루고 아이가 태어났을 때, 아낌없이 퍼부을 수 있도록 말이에요. 자꾸만 아래에서 위로 퍼올리느라 힘들어하지 말고 잘 모아두어야 해요.

ㅡ 무슨 말씀인지 조금은 알겠어요.

ㅡ 할 수 있어요. 수진 씨.

ㅡ 네, 저는 정말 좋은 엄마가 되고 싶어요. 선생님.

별안간 물에 젖은 솜이 되어 일상을 흘려보냈다. 하릴없이 틀어놓은 수도꼭지에서 흐르는 물처럼 생각은 웬만해선 그칠 줄을 몰랐다. 수도꼭지에서 줄줄 흘러 세면대로. 세면대 가득 넘쳐흘러 타일 바닥으로 뚝뚝. 바닥을 적시고 문턱을 타고 넘어 방 안으로. 곡선을 그리며 마룻바닥 위를 찰랑거리다 침대 위 이불까지 슬슬 적셔왔다. 등허리를 적시는 축축한 기척에 눈을 떠 방 안을 표류하고 있는 온갖 물건과 책을 바라보았다. 멈출 줄 모르는 물소리는 이윽고 천장까지 빈틈없이 채워버린 뒤에야 그쳤다. 생각과 공간에 잠식되어 며칠이 줄줄 흘러갔다. 몸도 머리도 일으킬 수 없었다. 기력이 있느냐 없느냐 가장 먼저 티가 나는 건 집안의 살림 상태. 한동안 무기력으로 가득 찬 공간은 너무나도 쉽게 엉망이 되어버렸다. 냉장고에는 시든 채소가 잔뜩이고 물건들은 제자리를 벗어나 흩어져있다. 여기저기 설거지와 쓰레기, 빨랫거리가 쌓여 있다. 봄을 앞두고 어수선한 살림과 정신머리를 챙길 작정으로 새 직장 출근을 앞둔 친구에게 여행 오라 덜컥 연락했다. 손님을 초대하는 빌미라도 만들지 않으면 나는 삼월이 와도 나를 일으키지 못할 게 빤했다. 친구가 오기로 한 날까지 온 집안을 구석구석 털어 버릴 것과 남겨둘 것을 정하고 수시로 내다 버렸다.

얼마간 생의 시작과 끝에 대한 전념으로 하루하루를 겨우 흘려보냈다. 새벽 나절 문득 잘 지내냐는 안부에 그럼그럼 나는 술도 퍼먹고 잘 살고 있지. 지금도 술기운을 빌어 글을 쓰기 위해 카페에 막 들어왔다 대답했다. 다행이라는 답장과 함께 우리 살아내자고. 오늘도 버티고 잘 자고 일어나서 또 살자고 서로를 다독였다. 술 한잔 걸친 김에 물속에서 혼자 뻐끔거리던 말들도 친구 앞에서 왕창 쏟아버렸다. 엄마가 불쌍해. 엄마를 어떡해. 악을 쓰고 고래고래 울부짖어 놓고. 오늘은 그 기운을 빌어 우리는 살아보자고 말한다. 취한다는 것은 이렇게 사람을 간사하게 만들고 그런 간사함은 모른 척 눈 감아도 될 것만 같다. 한바탕 질식할 것 같았던 썰물이 진 자리 위로 볕이 들기를. 그렇게 봄이라는 손님도 무사히 오셨다 가시기를.

칠칠찮게 뭔가를 자꾸만 흘린다. 헨젤과 그레텔처럼 소지품을 잘 흘리고 다니는 편이지만, 요즘의 그것은 잃어버린다는 개념과는 어딘가 다른 결이다. 나사 하나가 툭 빠진 것 같다. 요리를 시작하면 칼 잡은 손이 달달 떨리기도 한다. 도마 밖으로 싱크대 아래로 이리저리 채소 자투리가 튀어 나간다. 설거지를 하다가 아끼던 그릇을 깨트리고 음료를 마실 땐 입술에 잔이 닿기도 전에 기울여져 왈칵 쏟아버리기 일쑤. 수저를 쓸 때도 손이 자꾸만 급하게 후진해버린다. 그 덕에 세탁기가 이틀에 한 번꼴로 제 역할에 충실하고 있다. 뭔가 남기기 위해 노트북을 펼치고 키보드 위에 손을 올린 순간도 예외는 없다. 삐걱거리면서도 일단은 뭔가를 남기고 싶어 덜그럭덜그럭 두드린다. 빠진 나사는 어디 가서 찾아야 하는 걸까요. 찾으면 어디서 빠진 건지 어떻게 알 수 있는 걸까요. 이런 덜떨어진 몇 문장이라도 남겨두려 반나절씩 앉아 달달거린다. 조금은 채워진 것 같다. 까만 글씨는 모조리 나사였나.

주춤거리는 동안 발 디딜 틈 없이 좁아진다. 잘 개켜져 있던 마음들도 이리저리 하찮게 널려있다. 종종거린 제자리 위에 제자리. 찍힌 자국들. 겹친 흔적들. 알아볼 수 없이 박박 지우고 다시 쓰는 매일. 내 것이지만 어느 하나 내 것 같지 않아. 찢겨나간 페이지만 쌓여간다. 마음에 안 들어도 마침표를 찍고 싶다.

흔히들 말하는 입춘이나 동지 말고는 절기에 딱히 큰 관심 없이 산다. 녹색창 포털사이트를 열었다가 로고 옆에 경칩이라는 단어와 함께 개구리 캐릭터가 떠 있는 것을 발견했다. 클릭. 오늘은 경칩(驚蟄). 이십사절기 중 세 번째 절기로 '만물이 겨울잠에서 깨어나는 시기'란다. 언젠가 읽었던 잡지였나 기사였나. 보편적으로 느끼기에 희망적인 분위기의 봄은 무엇이든 새로 시작하기 좋은 계절 같지만, 의외로 사계절 중 가장 많은 인간이 삶을 포기하는 시기라 설명하고 있었다.

모질도록 차가운 계절 내내 조금씩 움트는 마음을 품고 지낸다. 봄이 오면 꺼내야지. 봄이 오면 시작할 수 있을 거야. 봄까지만 견뎌보자. 그러다 막상 따듯한 계절을 맞이해도 별반 달라지는 게 없다는 현실에 인간은 그 어느 때보다 깊이 좌절한다는 것이다. 글 중간에 근거가 될 만한 통계 자료나 그림 같은 게 참조되어 있었는지 다 기억나지 않는다. 겨울마다 눈(雪)이 펑펑 오고 나면 눈(眼)이 시리도록 하얀 장면과 서늘한 바람에 앞을 가릴 정도로 눈물이 고이곤 했다. 차가운 계절에 흘리는 눈물은 유독 뜨거워서 아직 내가 살아있구나 안도하기도 했다. 거기에 한 해 동안 나를 짓누른 것들을 한 방울씩 흘려보내며 가벼워지기도 했으니까. 그리고 나면 봄과 산뜻하게 안녕할 수 있을 것 같았다. 그 기분이 싫지만은 않아 봄보다 겨울을 손꼽아 기다리기도 했는데.

그 글을 읽은 날, 그날 밤은 뭔가 달랐다. 가을 내내 필요 이상으로 너무 거칠었다. 엉망인 채로 겨울을 맞이하는 게 무서워 갈수록 눈물이 났다. 잘 버텼다 흘려야 할 때 보내야 할 눈물을 미리 앞당긴 기분이 들었다. 겨우내 볼에 닿는 온도가 아려올 때마다 다가올 봄이 그 글과 다를 바 없을 것 같았다. 꽃이 피고 때가 되면 제 운명이 정해질 것처럼 굴었다. 운명이란 게 계절 하나로 손바닥 뒤집듯이 이리저리 뒤집힐 리 없다는 걸 알고 있으면서도. 앙상한 나뭇가지 끝이 분홍빛이다. 지난달엔 은근히 기분 탓인 줄 알았지만 오늘 보니 정말 선명해졌다. 움트려면 시간이 필요하지. 단번에 나아질 리 없는 게 이치겠지. 이 봄 내내, 서서히 서서히 기지개 켜듯. 분홍으로 지내고 싶다 생각했다.

어떤 음악을 들어도 들리지 않고 어떤 책을 읽어도 읽히지 않을 만큼 고통스러운 매일이 지나갔다. 여전히 제 발로 터널 깊숙한 곳까지 숨어드는 날이 잦다. 터널 끝에 서서 빛과 어둠의 경계에 발끝을 대보았다가 떼었다가 하곤 한다. 이제 내 생에 불안과 우울은 뗄 수 없는 한 몸임을 받아들인다. 앞으로 그들과의 동행이 어떨지 미지수인 아침을 매일 마주한다.

할 수 있는 걸 한다. 일어나 거울을 보고 운동을 하고 밥을 챙겨 먹고. 아주 일상적인 보통의 날들을 되찾아가고. 우리 삶을 억지로 이해하려 하지 않아서, 오히려 이해할 수 없기에 더 많은 이야기를 쓰고. 그 과정에서 만나는 이들이 선뜻 손을 내밀면 기꺼이 잡고 자연스레 흘러 나가는 순간도 마주하고. 누군가에게 기대고 누군가를 용서하고 누군가를 사랑한다.

얼마나 나아졌고 무엇이 나아져야 하는지 의문인 채로 여전한 매일이 흘러간다. 머리는 쓸모없이 번잡스러운 생각들이 온통 자리 차지하고 마음은 골목 구석까지 텅 비어 있다. 시선에 닿는 것마다 제자리를 찾아놓기 위해 몸을 움직인다. 쓰고 정리하고 먹고 정리하고 걷고 정리하고 헤엄치고 정리하고. 머리도 마음도 몸도 소모적인 이틀이 지나가면 하루는 방바닥이 온몸으로 나를 끌어안는다. 머리부터 발끝까지 납작해진다. 그토록 바라던 일들을 이루거나 바라던 곳에 다다르면 무력함이 덜하게 될까. 실은 이대로 무엇을 바라고 어디로 가고 싶은 건지도 모르겠다. 우울 앞에 굴복하는 것 말고는 할 줄 아는 게 없는 것 같다.

요즘 내게 '살림'은 '나를 살리는 일'이다. '살림'의 사전적인 의미를 검색해 보면 1) 한 집안을 이루어 살아가는 일. 2) 살아가는 형편이나 정도. 3) 집 안에서 주로 쓰는 세간. 이 정도를 의미하지만 네 번째로 나만의 의미가 추가된 셈이다. 어떤 단어는 익히 알려진 사전적인 의미 외에 사적인 이야기가 더해질수록 애틋함이 생긴다. 단어와 나 사이에 새끼손가락을 걸고 이건 우리 둘만 아는 거라며 비밀 하나를 만든 것 같다.

이런저런 살림 중 설거지에 부쩍 몰입하고 있

다. 모든 일을 시작하기 전에 가장 먼저 설거지부터 해치운다. 수세미에 설거지 비누를 문질러 복작복작 거품을 낸다. 물에 불려놓은 접시, 밥그릇, 수저 구석구석 닦고 따듯한 물로 몇 차례 헹궈낸다. 기름이 잘 닦였는지 확인하기 위해서도 있지만 손가락으로 느껴지는 뽀드득한 느낌이 좋아서 고무장갑보다 맨손을 선호한다. 좁은 주방의 좁은 식기 건조대에 차곡차곡 테트리스 하듯, 그러나 남은 물기가 잘 빠질 수 있도록 쌓아 올린다. 그릇 다음은 하수구와 싱크대. 하수구 잔여물을 정리하고 수세미에 남은 거품과 함께 뜨거운 물을 부어 마무리한다. 싱크대 벽도 삭 훑어준다. 손바닥을 오목하게 만들어 물을 받아 뿌려가며 거품 자국을 흘려보내고 수세미를 헹군다. 마무리 행주로 싱크대의 물기를 닦고 조물조물 손빨래해서 수전에 널어두면 설거지 끝.

다른 살림도 매한가지겠지만 설거지는 유독 귀찮으면서도 쌓아두지 않고 그때그때 해결하면 의외로 간단한 살림이다. 문제는 부지런보다 무기력이 앞장서 내 발을 걸어올 때가 잦아서 문제지. 싱크대 안에 식기들이 쌓이기 시작하면 그게 꼭 방치된 내 마음 같다. 엉망인 그대로 두고 볼수록 꼴 보기 싫어서 눈 꾹 감고 그 앞에 서게 된다. 흐르는 물소리와 씻겨 내려가는 거품을 바라보며 조금씩 마음도 가벼워진다. 해치우고 나면 또 다음 끼니를 차려 먹고 환기를 시키고 정돈할 정신이 든다. 무기력해지는 이유를 찾기 위해 무기력해지는 쳇바퀴에서 차츰 발을 뗀다. 등에 미지근한 땀 한 줄기가 흐른다. 살아있으려면 몸이든 마음이든 움직여야 한다 생각하는 나날들이다.

예민한 사람은 자주 슬퍼요. 별게 다 슬프기도 하고요. 내 힘이 닿기도 전에 이미 정해진 것에 대해 무언가를 기원하거나 자연이 자연스럽게 제 역할을 하는 일에 대해서는 크게 흔들리지 않기로 합니다. 어그러진 관계도, 우중충한 날씨도, 애매하게 사는 일도 때론 그렇게 흘려보낼 수 있어야 한다고요. 일요일 정오의 볕에 바싹 마른 이불에서 나는 포근한 냄새처럼, 당분간은 좀 그런 날들이 이어지기를 바라봅니다.

— 딸, 집에 와. 자꾸 혼자 있지 말고 집에 와있어. 수영도 여기서 다니면 되잖아. 엄마도 수영장 등록했어.

— 나 요즘 괜찮아. 걱정 안 해도 돼. 별일 없어. 해야 할 일도 있고 여기서 나 혼자 조용히 있는 게 편하고 좋아.

— 아빠는 그게 뭔가 문제가 있다는 거야. 너한테 거기가 집이 아니라 여기가 집이 되어야지. 가족들이랑 있는 것보다도 혼자 있는 게 편하면 어떡해. 사람들이랑 있을 때도 괜찮아야지.

— 이제 나한텐 내가 집이지. 그만 끊어요. 안녕.

얼마간 불안을 미루고 미루다 마음먹고 치웠다. 아주 조금씩 인정하고 나니 삼켜 소화해버린 건지, 아직 몸속 어딘가에 숨어있는 건지 모르겠지만 짐작할수록 오해는 눈덩이처럼 불어날 뿐이다. 가끔은 짐작이 예감이 되고 아차 싶은 순간 잔인하리만치 정확했다. 응답 없는 생각들과 아무 대책 없는 시간들을 겨우 버티며 밤을 꼬박 지새우고. 물에 젖은 솜뭉치 같은 몸을 어떻게든 일으키고. 그런 것들을 어쩌지 못해 토해내듯 적어두고. 그런 순간들과 차츰 거리 두며 하루하루 빠르게 흘러간다. 덩달아 크게 기쁘지도 슬프지도 않은데 다행이면서도 그 자체는 좀 슬픈 일인 것 같기도 하다. 어쩌면, 어쩌면 모든 게 이미 다 그랬다.

아무와 헤어지지 않고도
누구를 그리워하는 날들.

나를 사랑하지 않는 사람은

나를 아프게 할 수 없어요.

사랑이 일상과 생활 속으로 비집고 들어올 때마다 울고 웃다 보면 어김없이 불안도 뒤따라왔다. 이런 식으로는 그 아무도 사랑할 수 없을 것 같았고. 사는 내내 홀로 망망대해를 유랑할 수밖에 없다 생각했는데. 그럼에도 오랜만에 헤엄쳐 뭍으로 가보고 싶다. 얼마간 더는 사랑을 믿고 싶지 않다 떠들어댔으면서. 실은 내 안에 아직도 얼마나 많은 사랑이 살아 숨 쉬고 있는가.

세상엔 차마 헤아릴 수 없는 사랑과 상처가 있겠지만요. 이제 어느 정도 예상하거나 경험을 통해 습득된 상처에 대처하는 요령이 약간 생긴 것 같아요. 어떤 상처는 손바닥 위에 있어요. 매번 다른 타격감으로 다가오기 때문에 상처 그 자체로 생경한 건 매한가지지만요. 회복에 드는 시간과 에너지가 예전보다는 덜 할 수 있다고 해야 할까요.

그런데요. 사는 내내 사랑이 깊고 많은 사람들은 늘 그걸 교통사고처럼 당하는 것 같아요. 내

의지와 상관없이 어느 날 갑자기 삶에 닥치는 거요. 타격이라는 단어로는 표현할 수조차 없는 거요. 사랑이 무슨 저 너머의 세계에 존재하는 미신이나 괴담처럼 느껴지기도 해요. 그럼에도 불구하고 묻고 또 대답하고 싶어요. 듣고 싶어요. 사랑의 사전에 박박 쌓인 공식을 다시금 해석하고 때론 깨부수며 정답보다 해답을 찾아갈 시절을 기다려요. 능숙해지기보다 더 담백할 수 있기를. 어설프게 슬픈 사연들이 잦아들기를.

통화 내내 조금은 상기된 목소리를 들으며 복잡한 생각이 스쳐 갔다. 언젠가 문득 떠올리면 잘 살고 있기를 바랐던 사람이었다. 안부가 궁금했지만 닿을 방법도 용기도 없었다. 누군가와 미래에 대해 이야기하는 일, 지켜질 수 있을지 없을지 모를 약속에 대해 나누는 일, 꿈은 언제나 오롯이 홀로 감당해야 하는 일이라 생각해 왔는데. 그런 내가 직업으로서 꿈의 고독에 대해 자유로운 자세로 대화하고 지금 그 대상이 돌고 돌아 그와의 통화라는 게 순간 생경하고 편안했으며, 일면 나는 이미 그런 것들로 인해 몇 년간 몸과 마음이 지친 상태였다. 막연한 우리에 대해 대화하는 일에 슬금슬금 두려움이 몰려왔다. 잘 지냈냐는 물음에 돌아온 대답이 내내 마음에 고여있다. 아무리 걸러도 걸러지지 않는 말들이 마음 밑바닥에서 잔물결처럼 넘실거렸다. 세월이 흘러 각자 몸담고 있는 삶이 다르다. 내가 내 섬을 향해 헤엄쳐 갈수록 결국 멀어질 것만 같다. 점점 더 닿을 수 없을지도 몰라. 그는 그가 머물던 또 다른 섬에 못을 박을 수도 있겠구나. 각자의 섬에서 점점 더 외로워질 수도 있겠구나. 장담할 수 없는 이야기가 언젠가 그를 다치게 할까, 나를 다치게 할까 불안도 엄습했다.

서랍에 묵혀둔 일기장을 찾아 눈앞에 펼친 듯 찬찬히 떠올랐다. 손에 쥔 꿈에 대해 이야기하는 모습이 예쁘다고 생각했다. 생동감 넘치는 몸짓과 눈빛이 반짝거렸다. 스스로 마음이 닿아 좋아하는 일을 향해 움직이는 모습은 이렇게나 행복하구나. 이렇게나 생생히 살아있구나. 그래서 그와 닿지 못하는 시간 동안 그런 그를 동경하고 그의 태도를 그리워했는지도 모르겠다. 눈을 감고 조심스레 상상해 본다. 눈을 감으면 언제든 그 시절이 떠오른다. 거기엔 연약하고 조금 촌스러운 사람들이 있다. 어딘가에 늘 살아있다. 그 안에서 우리는 새벽이 다 가도록 통화를 멈추지 않고 함께 나눈 노래를 듣고 함께 패스트푸드를 먹고 함께 돌담길을 걷고 있다. 우리가 내일에 대해 이야기 나눠도 될까. 우리가 닿은 적 없던 여름이 궁금해. 실은 난 그게 궁금하면서 아직 잘 모르겠어.

얼마 전 태어나 처음으로 재즈 공연을 봤거든. 작은 무대 위 각자의 자리에서 무아지경에 이른 사람들이, 정말이지 난 너무나도 사랑스러워 입을 다물 수가 없었어. 아주 오랜만에 심상이 온몸에서 울리는 느낌이 무섭다거나 아프지 않았어. 가슴팍에 가만히 손바닥을 올려두고 그저 흠뻑 느꼈어. 예나 지금이나 나는 몰입을 사랑하고 존경해. 그런 시절, 그런 사람, 그런 사랑. 언제까지나 아끼며 격려하고 싶어.

몰입의 순간에 느끼는 것과 그 순간이 지나면

남는 것들이 결국 우리를 어딘가로 데려다줄 거라고 감히 그렇게 믿고 싶어. 그것이 눈에 훤히 보이는 투명한 창이든, 아무리 들여다봐도 밖에서는 안을 들여다볼 수 없는 불투명한 문이든. 다음 무대로 다다르기 위해 차곡차곡 쌓은 정성과 더불어 창과 문을 활짝 열어젖히는 용기. 우리가 그 마음을 잊지 않았으면 좋겠어. 언제까지나 몰입이 주는 전율을 귀하게 여길 수 있다면 좋겠어.

눈 뜨자마자 따듯한 물 한 잔. 뜨거운 커피. 샤워기 물소리. 수증기와 샴푸 향기. 선풍기 바람에 머리를 말리는 동안 두 눈을 감고. 바짝 말려 볼펜으로 말아 올린 머리. 휴대폰 방해금지모드. 손톱 깎기. 노트북 두드리는 소리. 사각사각 편지. 하루의 배경 음악. 아침 수영. 저녁 달리기. 설거지를 미루지 않는 것. 사람들의 얼굴. 셔터를 눌러 담는 장면. 부치지 않을 마음. 보고 싶어도 보고 싶다 말하지 않는 것.

어쩌면 한 사람이었는데
이생으로 건너오다 길을 잘못 들어서서
두 갈래로 쪼개진 건 아닐까.

착각에 빠진다.

아주 작은 조각만으로 다 알 수 있을 거란 자만심.
나의 생을 바탕으로 그의 생을 짐작하려는 오만함.
그만은 이런 나를 알아줬으면 하는 이기심.

무모할 수 있는 시절은 언제나 그 순간이지. 별수 없어 고개를 떨구었던 때부터 지금 여기까지 멀어진 시간들을 과연 건너뛸 수 있을까. 그저 그 너머의 세월만큼 흘러서야 어렴풋이 떠오르겠지. 사람들은 같은 실수를 반복해. 사랑하고 사랑하며 오해가 오해를 낳고 각자 다른 날개에 매달려. 서로 종착지를 알 수 없는 방향으로 날아가. 그럼에도 불구하고 후회하고 싶지 않아. 부정하고 싶지 않아. 언어가 달랐을 뿐이라고 생각해. 내가 하는 말에 네가 갸우뚱하고 네가 하는 말에 내가 아무 대답도 하지 않은 순간들. 돌이켜

보면 나는 우리가 비슷한 사람일 거라 쉽게 들떠 착각했지만 살면서 보고 듣고 타고난 뿌리는 다른 모양일 수밖에 없잖아.

    그 누구의 탓도 아니라고.
    다만 네가 너 자신을 미워하지 않았으면 좋겠어.

사랑은 요란과 고요를 동반한다.

멀리서 타박타박 사뿐사뿐 걸어온다.

어쩌면, 그리하여, 결국에는, 그럼에도 불구하고

속이 빈 깡통 같은 말들을

몸 어딘가에 칭칭 묶은 채.

저만 아는 울음을 삼키면서.

성미가 아주 급한 사랑. 초록불을 몇 초 남기고 횡단보도에 발을 들이는 격이다. 아무래도 나는 느린 사람이라 그런 사랑의 뒤를 쫓아가기엔 숨이 차고 허덕인다. 무엇보다 너무 위험하다. 멀리서 천천히 오는 사랑에 익숙하다. 그의 걸음을 찬찬히 훑고 손가락으로 짚어본 다음, 가만히 손바닥을 갖다 대본다. 이 앞에 도착하기까지 어떤 사랑이 그를 만지고 재웠을까. 그 여정이 고되지는 않았을까. 그리고 일으켜 끌어안을 준비를 하는 것이다. 세계라는 말을 좋아한다. 일종의 경계가 포함되어 있는 단어지만 사랑과 만나는 순간 몹시도 근사해진다. 세계와 세계가 만나 마주 선다. 경계를 허물 수 있는 권리. 그 작은 열쇠를 서로의 손에 쥐여주는 것. 그렇게 사랑의 세계가 되어간다.

지금의 보폭을 갖게 되기까지 내가 함부로 따라간 걸음들이 있었다. 쉽게 휩쓸리고 균형을 잃기 일쑤였다. 어떤 사랑은 그 반경이 너무나도 왜곡되어서 부지런히 돌아가도 내 속력으론 어림없었고. 어떤 사랑은 나란히 걷고 싶은 마음만이 앞서 걸음 사이사이로 온몸을 내던지곤 했다. 채이고 허덕이다 넘어져 모로 누워 걷는 시늉만 하기도 했다. 그래도 다시금 일으켜 흙먼지를 털어준 사랑이 아직 단 몇 뼘 뒤에서 꾸준히 나를 지탱하고 있다. 아마 오늘날 나의 시야로 파악할 수 있는 사랑의 초점은 그만치가 전부일 것이다. 훗날이 보폭으로 도달할 수 있는 다른 세계에도 사랑이 살아 있을까. 의심하지 않고 계속 걸어보기로.

― 갈 곳만 쳐다봐요. 가끔 균형이 깨져 뒤를 보게 되는 날은 내게 전화를 하거나 좋아하는 사람에게 균형을 맡겨요.

오늘을 살아가야 한다는 걸 알면서도, 내일을 앞당겨 살아보고 짐작해 봐요. 나 또한 별다를 바 없어요. 일어날 리 만무한 경우의 수까지 염려하는 버릇. 가벼운 태도로는 임해본 적 없는 것. 만남이 있으면 뒤따라오는 무게. 어쩌면 영영 잃을 수도 있다는 각오. 아직 벌어지지 않은 일들에 대한 상상. 그러나 그 사람에게도 내가 다 헤아릴 수 없는 무수한 순간과 사연이 깃들어 있겠지. 어떤 우연은 경고가 아니라 신호가 아닐까 싶기도 하고.

어쨌거나 다시금 사랑을 떠올리는 일은 이제 밥을 차려 먹으면서도 가능하구나.

착실한 얼굴과 말간 눈을 한 사랑.

아직은 사람이 지닌 바탕이 흰 종이라고 믿고 싶다. 모종의 낙서 위로 낙서. 덧대고 겹친 수많은 문장들을 빼곡히 둘러 입은 한 사람. 그 시선으로 마주한 모습 그대로. 얼마 남지 않은 여백에 미처 헤아릴 수 없는 그만의 문장이 적혀 있다 하더라도 그게 지금의 그를 만드는 데 한 페이지가 되었다는 것. 억지로 지우려 하지 않는다. 손날을 세워 거둬내지 않는다. 조용히 들여다본다. 그렇게 응시하면 내내 하얗던 작고 작은 사람이 보인다. 가늘게 상흔을 새긴 채 웅크린 이가 보인다. 한 사람이 내내 들고 온 서사와 무늬를 바라보는 일. 목덜미를 간지럽히던 숨결이 떠올랐다.

― 나 꿈에 네가 나왔어.

　종종 그런 연락을 건넨다. 대부분은 정말 그이가 꿈에 나와서 연락한다. 좋은 꿈이라면 눈을 뜨자마자 연락하고, 그렇지 못한 꿈이면 오후 나절 하루가 어땠는지 안부를 묻는다. 꿈이 잘 맞는 편이지만 모든 꿈이 그런 건 아닌 데다가 꿈을 꾸고 대뜸 그런 연락은 너무 조심스럽다는 생각도 한다. 누군가 등장하는 꿈을 꾸고 나면 그저 안녕을 묻는 정도로 충분하다. 꿈과 일상은 긴밀하게 연결되어 있다. 눈을 뜨고 있는 동안 가장 자주 생각하는 장면이 꿈과 연결된다. 대부분 그이에 대한 잔상, 아직 일어나지 않은 일에 대한 스케치다. 거기에는 전하지 못하는 말들도 조금.

악몽이 습관인 나는 좋은 꿈을 꾸는 날이 드물다. 그러니 좋지 않은 꿈을 꾸고 문득 울면서 연락해도 괜찮다고 말해줬으면 좋겠다. 꿈과 상관없이 그저 하고 싶은 말을 마음껏 건넬 수 있다면 좋겠다. 오늘은 목소리가 듣고 싶었다.

　　　　　남자와 여자는 화장실도 밖에 있는 월세 오만 원짜리 사글셋방에서 시작했다. 여름엔 여름대로 덥고 겨울엔 겨울대로 추웠다. 옥신각신 말다툼이라도 하는 날이면, 작은 단칸방에 서로 머리를 반대편으로 둔 채 등을 돌리고 누워 가운데 아기를 두고 잤다. 그러다 아기가 조금이라도 기척을 내면 누가 먼저랄 것 없이 벌떡 일어나 다독이고 젖병에 우유를 타왔다. 남자는 그 무렵, 퇴근길 골목을 들어서면 깡충깡충 쫓아 나와 팔짱을 끼고 재잘거리며 매달렸던 여자를 기억한다. 그녀와 아기를 두고 몇 개월씩 타지에 나가 일하며 통화 끝에 눈물 흘리던 남자를 기억하는 여자는 그가 누구보다 성실한 사람임을 굳게 믿었다고 한다.

그 어느 때보다 내가 그들이 만든 사랑의 산물임을 기억하려 한다. 내 안에 그들이 심은 사랑의 심지가 꺼지지 않고 여태 살아있다 믿고 싶다.

외로움의 표정은

가만히 맞댄 마음과 쓰다듬는 등허리에

보통의 산책길과 걸어온 발자취에

일인 분의 국그릇과 마주 앉은 탁자 위에

수화기 너머 목소리와 창에 비친 얼굴 속에

잠들기 위해 베고 누운 베갯잇 사이에

패인 마음에 고여있던 슬픔이

역으로 흐르기 시작했다.

옆에 누운 슬픔과 베개 하나를 나눠 베고

슬퍼서 멀미가 난다고 적어두었던

밤이 생각났다.

타인의 새벽이 묻어있을 베개에 머리를 뉘었다.

돌아누워 묻고 싶었다.

당신도 슬퍼서 멀미가 난 적이 있나요.

어려운 가을이었다. 어려워서 남길 것들이 더 많아 다행이었다. 그렇다고 쉽게 드러낼 수 없는 마음이기에 나만 아는 공간에 묵혀둔다. 여기저기 휘갈겨 적는다. 나에게 보내는 메시지함에, 메모장에, 다이어리에, 책 모퉁이에. 여기저기 적어둔 마음들을 긁어모으는 데만 해도 다음 계절까지 다 지나갈 수 있을지도 모른다고 생각했다. 그런 마음들을 모으고 모으다 보면 언젠가 글이 될 수 있을까. 종이 위에서 다시 탄생할 수 있을까. 태어나서 닿을 수 있을까. 숨을 얻을 수 있을지 아직 확신할 수 없다. 언젠가 태어날 수 있을 거란 기대를 띄어쓰기 사이사이에 끼워놓았을 뿐이다.

   거기에 적힌 마음은 나조차도 알 길 없는 방법으로 어디론가 향하고 있다. 한 번 쓰기 시작한 마음이 다 소진되기도 전에 더는 건넬 수 없는 것들이 되어 반드시 소분해야만 하는 계절을 보내고 있다. 소분해야만 다음 시절도 맞이할 수 있으므로. 그렇게 다음 시절에는 그에 대해 쓰는 글들이, 그를 향한 말들이 점점 닳고 닳기를 바라기도 한다. 바닥까지 닳더라도 끝끝내 사라지지 않기를 바라기도 한다. 사는 내내 온기를 잃은 적 없던 손끝과 발끝이 자꾸만 시리다. 주워 담아야 할 것과 꺼내지 못한 것들이 차게 식어 몸속을 돌아다니다 말단에 고여있다. 부쩍 가을과 나만 남은 것 같은 기분에 사로잡힌다. 다만 거르고 걸러 순전히 남은 사연들이 언젠가의 그와 나를 넓히고 살릴 것을 안다.

취향인 영화나 드라마는 되도록 오래 아껴두었다가 꺼내본다. 다수가 열광하고 한창 이야기할 때는 덮어두는 편이다. 종영 소식이 들려오더라도 몇 달이든 몇 년이든 고이 묵혀두었다가 시의적절한 때에 맞춰 재생 버튼을 누른다. 며칠 동안 깊숙이 몰입하며 정주행한다. 오래 간직한 마음으로 마주해서 그런가. 결말을 보고 나면 유독 아끼는 등장인물들과 더는 그 모습 그대로 만날 수 없어 아쉬울 때가 있다. 남몰래 좋아하던 친구에게 갑작스러운 이사를 통보받은 것처럼 서운하다. 행복해요. 잘 살아줘요. 정말 어딘가에서 잘 지내고 있다면 좋겠어요. 안부를 보내고 싶다. 실존하지 않는 것들을 얼마간 달뜬 마음으로 그리워한다.

13월 같은 1월을 보내며. 밤마다 쓰느라 며칠 잠을 이루지 못했다. 그간 미뤄둔 숙제라도 해치우듯 밤낮을 가리지 않고 침대에 파묻혀 흘러갔다. 이불을 정수리 끝까지 끌어올리고 빈틈없이 숨는다 해도 코끝이 자꾸만 시큰거리는 건 어쩔 수 없는 노릇이다. 차라리 물속이 덜 춥지 않을까. 내일 아침에는 꼭 수영장에 가야지. 눈을 뜨면 아가미 같다고 생각했던 흉터가 어른거렸다. 다시 눈을 감았다. 알다가도 모를 마음 사이를 서성이다 잠을 청한다.

꿈속에서는 그를 마음껏 끌어안을 수 있다.

그를 조금 덜 외롭게 할 수 있다.

그렇게 내가 애쓸 수 있는 시간이 허락된다.

캄캄한 겨울 이불 속에서 숨을 고른다.

원래 내 속도보다 나를 너무 빨리 쏟아버린 것 같아서 많이 아쉬워. 그치만 그때 펑펑 울면서 보여줬던 모습과 쏟아냈던 얘기들을 후회하지 않아. 그런 서툰 모습의 수진도 전부 나야. 그리고 위로해 줘서 고마웠어. 이상하게 자꾸 너한테 나에 대해 말하고 싶었던 이유가 있었나 싶기도 해. 처음부터 너는 네 얘기를 할 줄 아는 사람이라고 느껴져서 나도 내 얘기가 계속하고 싶어졌던 것 같아. 더 얘기하고 싶어질 때면 자꾸 쓸데없는 사족이나 농담을 갖다 붙이기도 했어. 혹시 내가 했던 말들에 헛웃음 났던 순간들이 있었다면

저 째끄만 주둥아리, 어우 얄밉네 어우 귀엽네 그렇게 생각해 줘.

사람 인연이란 게 참 신기하지. 그저 그렇게 지나가는 사람으로 살았는데 어떤 선택과 우연이 몇 개월을 만들었잖아. 다른 모양새로 살아가던 사람들이 어떤 계기로 손가락에 줄 하나씩 매듭을 만들고 때때로 거기 잘 있냐고 손목을 팔랑거려 볼 수 있어서 따듯하다고 생각해. 그러다 문득 줄을 당겨 얼굴을 마주하고 안부를 묻고 식탁을 나누고 술 한 잔 기울이고 사는 일이 참 귀하고 다정한 일이라고. 적어도 내 인생에는 그런 매듭이 하나 더 생겨서 안심이 되기도 해. 이걸 쓰면서 마음이 아프기도 하고.

내가 다 헤아릴 수 없겠지만 네 삶에 일어난 사

연들, 스쳐 간 인연들, 네 정성과 노력이 닿았던 일들. 앞으로 언젠가의 너에게 어떤 형태로든 자양분이 될 거야. 너는 충분히 해내고 있어. 고생은 네가 하는데 왜 그런 걸 생각하면 내가 자꾸 눈물이 나는지 모르겠다. 왜 그런지 잘 모르겠어. 다정이란 단어, 예뻐서 좋아한다고 카톡 나눴던 거 생각나. 살면서 문득 기회가 된다면, 오래전 네가 건네준 다정에 고마웠다 꼭 전하고 싶었어. 그리고 여름부터 네가 새롭게 나눠준 다정 덕분에 나는 부쩍 많은 용기를 내고 있다고. 요즘 이런 내가 낯설면서도 앞으로 모든 게 서서히 좋아질 거라 기대해. 같이 또 소주 한잔하고 싶다.

─ 가장 상위 개념의 사랑이 뭐라고 생각해.

─ 나는 사람 대 사람, 인간 대 인간으로서의 사랑.

─ 너는 그럴 수도 있겠다.

─ 응. 그건 남녀 간의 사랑, 그 차원을 훨씬 더 뛰어넘는다 생각하기도 하고 아울러 그것까지 모두 포괄하는 개념 같아. 예를 들면, 나는 이성애자가 맞지만 한 '남자'와만 평생을 산다고 생각하면 불가능하다 싶거든. 근데 한 '사람'과 평생을 산다고 생각하면 충분히 가능하다 싶어. 사랑하는 '남자'라기 보다 사랑하는 '하나의 대상, 인간, 존재…'

뭐 그런 느낌. 저 존재의 밑바닥까지 목격하더라도 함께할 수 있느냐. 저 존재가 아무리 보잘것없어지더라도 그 사람 자체로 바라볼 수 있느냐. 그러니 한 사람과 평생을 산다고 생각하면 오직 하나의 역할로 서로를 대신할 수 없다고 봐. 때로는 애인, 부부, 친구, 동지, 전우, 가족. 심지어는 서로를 부모와 자식처럼 바라볼 수 있느냐도 포함될 거야. 우리가 태어나 가장 처음 만지고 먹고 자란 그 사랑까지 기꺼이 상대에게 줄 수 있느냐. 다양한 역할들이 자리 잡아 두 사람 사이에 규율이 발생하고 삶에 스며들어 갈 때 두 인생은 비로소 한데 존재할 수 있는 것 같아. 꼭 한데 엉겨 붙어 나와 상대를 찌르고 파괴하면서 징그럽게 하나가 된다기보다는. 뭐랄까. 음, 하나의 약속 안에 둘로서, 동시에 둘만 아는 잔잔하고도 은밀한 균열이 존재하는 것. 안달 나고 애걸복걸하고 무엇보다 난 징

그러운 건 충분히 해봤어. 아우, 나 이제 그런 거 또 하라 그러면 못해. 나 큰일 나. 두 손 두 발 다 들었어. 일단은 여기까지 정리하고 말로 표현하는 데도 삼십 년이 넘게 걸렸네. 인생 참 재미있어. 우리가 살아가는 세계에는 너무 많은 방식의 사랑이 있어. 하물며 나는 알레르기가 아주 심한데도 고향 집 고양이들을 사랑해. 십 년 넘게 만날 때마다 항히스타민제를 먹더라도 껴안고 뽀뽀하고 사랑한다고 속삭여. 그러니까. 음, 사랑은 마지막 번호표를 상대가 아닌 나에게 부여할 수 있느냐. 이것도 몹시 중요한 것 같아. '희생'이라 표현하기엔 단어 자체를 비교할 수 없어. 아직까지 나에게 '희생'이란 나를 먹이고 입히고 키운 고귀함에 가까워서 거기까진 감히 닿아본 적 없다고 생각하거든. 아, 이렇게 표현하는 게 낫겠다. 기꺼이 그럴 수 있는 마음. 뭐 여기까지. 지금은 이 정도로 정립해 두기로 했어. 아마 죽을 때까지 사랑에 대해 말해도 정답은 없을 거야. 다시 사랑에 대해 이렇게까지 말할 수 있다니. 요즘 이런 내가 너무 신기해.

언젠가 내 삶에도 정착이란 단어가 어울릴 때쯤,

내 키보다 두 뼘은 더 큰 책장을 둘 거예요.

가장 높은 곳까지 손이 닿지 않아도 괜찮아요.

내가 이고 지고 살아온 책과

당신이 데리고 살아온 책들이

한데 꽂혀있는 장면을 그려요.

오늘은 꿈에 나와주세요.

이곳에는 종일 눈이 왔어요.

나는 당신 생각을 했어요.

우리가 만난 적 없던 겨울이 궁금해요.

견디지 못할 것 같을 땐 사람들과 나눈 다정,

그리고 유머를 꼭 기억해.

너무 애쓰지는 말고.

이른 해가 뜨는 계절이다.

얼굴에 쏟아지는 볕에 눈을 뜨자마자 대뜸 안부를 물었다.

물 자주 마시고 여름을 잘 건너자고 말했다.

나에게 하는 말이기도 했다.

답장이 왔다.

너 역시 너에게도 하는 말이기를.

무언가 쓰고 나면 늘 나란 인간은 너무 회의적이고 비관적인 건 아닌가 되짚어 봐. 하지만 불안했던 시절과 사건에 예민한 만큼, 당장의 순간순간 사소한 기쁨을 기민하게 느끼기도 해. 나에겐 보이지 않는 손이 하나 더 있어. 그리고 보이지 않는 주머니 깊은 곳에 버릇인 양 만지작거리는 동전 하나가 있어. 사는 내내 하도 문질러서 반질반질 반지르르한 나만의 양면. 그리고 세상의 많은 이치가 이 동전의 양면이라 여기며 노트북을 닫고 나면, 오늘 느낀 이 모순이 조금은 가벼워져. 무의식중에 또다시 흑과 백으로 나와 삶을 구분하려 드는 시선에 힘이 탁 풀려. 세상은 그렇게 돌아갈 거야. 완벽하지 않은 면과 면이 모여 좀 더 성실해야만 하고 그래서 아름답게 돌아가는 세상. 그 속에 우리가 있어.

집에 문득 살아 숨 쉬는 무언가 하나 쯤 있어야 할 것 같았다. 도어락 소리가 들리면 쫓아 나와 살랑살랑 반겨주거나 잘 때 옆구리를 뜨끈히 데워주는 온기까지는 아니더라도. 대단한 사명감이 필요한 건 이 몸 하나 건사하기에도 벅찬 내게 좀 부담스럽기도 하고, 그저 때가 되면 내 주의를 기울여 보살필 수 있는 것.

어릴 때 물고기를 키운 적이 있다. 어린 내 검지 두 마디 정도 크기의 오렌지빛 물고기. 책상 한편 낮은 어항에서 키우다 수면 밖으로 튀어나와 그대로 안녕했던 내 마지막 물고기. 어휴, 안 그래도 습도 높은 제주인데 이 좁은 원룸 안에 어항을 들여? 얼마간 거북이, 달팽이까지 고려해 봤다가 결국 식물을 데려오기로 했다. 별것 아닌 선택에도 생각이 꼬리에 꼬리를 잇는 나는 실행에 옮기기까지 또 다음 고민이 이어졌다. 어떤 식물을 데려오지? 화분? 토분? 걸어두는 식물? 만약 데려온다면 직접 데려올까? 아님 배송으로 받을까 등등. 고민이 길어지는 동안 무더위가 한창인 계절이 오기 시작했다.

녀석과의 만남은 예정에 없던 한낮의 산책 중에 성사됐다. 신발 밑창이 녹아내리는 건 아닌가 싶을 정도로 뜨겁다 못해 정수리가 따갑던 정오. 새벽까지 죽네 사네 마신 술 때문에 바닥을 기어 다니며 오전이 다 지나갔다. 이대론 안 되겠다 싶어 주섬주섬 옷을 주워 입고 밖으로 나섰다. 땀을 흠뻑 흘리고 나면 숙취도 좀 빠져나가겠지. 다녀와서 찬물로 샤워해야지. 동네를 크게 한 바퀴 돌기로 했다. 걷다가 식물을 함께 판매하는 카페가 생각났고 자연스레 그곳으로 향했다.

— 북향집에서 키울 수 있는 식물도 있나요?

음지 식물, 양지 식물, 반양지 식물 중에 빛이 제법 들어오는 북향집에서도 키울 수 있다는 종류로 골랐다. 입이 둥글넓적하니 무늬가 꼭 수박처럼 생겼구나. 녀석을 쇼핑백에 담아 들고 가게를 나섰다. 바깥은 술에 취한 건지 열기에 취한 건지 알 수 없을 지경으로 절절 끓었다. 횡단보도 앞에 신호대기 하며 잠시 서 있기만 해도 등과 가슴팍에 여러 줄기로 땀이 흘러내리는 게 느껴졌다. 그래도 걷기로 한 만큼 걷고 싶었다. 집에 도착하니 쇼핑백 속 녀석은 산책하는 40분 사이에 완전 곤죽이 되어 있었다. 출발할 때만 해도 하늘을 향해 뻗어있던 잎사귀들이 땀에 절어버린 머리카락처럼 축축 처져 화분 밖으로 흘러내리고 있었다. 조심스레 만져보니 줄기와 잎이 꼭 물먹은 한지 같았다. 다급하게 시원한 물을 쏟아부으려다가 물은 준 지 얼마 안 됐고 일주일 혹은 열흘에 한 번 물을 주라는 사장님의 말이 떠올랐다. 지금 물을 줘도 되나 싶어 손이 멈칫. 어쩌지. 냉동실에서 얼음을 꺼내려다가 이래도 되나 싶어 또 멈칫. 도로 넣었다. 그리곤 궁여지책 선풍기를 틀고 그 앞에 녀석을 세워뒀다. 나는 술에 취한 것도 땀에 전 것도 샤워를 하는 것도 잊은 채, 쭈그리고 앉아 녀석을 지켜보기 시작했다. 죽었나? 안돼. 죽지 마. 제발 죽으면 안 돼. 데려오자마자 죽일 순 없어.

그날 나는 자려고 누웠다가 네이버며 유튜브며 녀석에 대한 정보를 끌어모으다가 밤을 새웠다. 물은 어떤 주기로 줘야 하는지. 너무 차가운 물을 주면 냉해를 입을 수 있고 통풍이 중요하다. 과습도 주의해야 한다. 분갈이와 잎꽂이는 언제 어떻게 해야 하며, 잎이 노랗게 변할 때와 갈색으로 변할 때는 각각 어떻게 다른 조치를 취해야 하는지. 한 포기 식물에도 내가 예상했던 것보다 훨씬 더 많은 주의가 필요했다. 일주일에 한 번 물을 주고 때마다 환기를 시켜주며 신경을 기울였다. 피치 못할 사정으로 집을 오래 비우게 될 참에는 이웃에게 대신 물 주기를 부탁했고, 겨우내 추운 창가 자리 대신 방안 따뜻한 곳에 두고 마른 가지와 건조해진 이파리를 잘라냈다. 녀석은 겨울 동안 어느 때보다 생기가 돌았다.

왜 그런 말이 있지 않나. 물만 주는데도 식물을 살리는 손이 있는가 하면, 물만 줘도 식물을 죽이는 손이 있다고. 얼마간 일했던 카페에 그런 이가 있었다. 나는 혼자 속으로 그를 물의 요정이라고 불렀다. 일하는 시간이 자주 겹치지는 않았지만 어쩌다 함께 근무하는 날이면, 그가 카페 마당에 물 주러 나가는 모습이 인상 깊었다. 오픈 준비로 분주한 주방에 비해 여유로운 표정과 몸짓으로 스테인리스 대야에 물을 가득 받았다. 그리곤 천천히 걸어나가 차례로 화분에 물을 주었다. 그렇게 물만 주는데도 카페에 있는 모든 식물들은 별 탈 없이 잘 자랐다. 때가 되면 알아서 꽃을 피우고 열매를 맺고 새순을 돋아냈다. 내 손은 딱히 식물을 잘 살리는 편이 아니다. 그래서 그와 근무가 겹치는 날이면 나는 화분에 물을 주는 일을 일부러 하지 않았다. 물의 요정이 대신 그 일을 하는 걸 커튼 사이로 힐끔거리며 조용하고 느긋한 정성이 주는 일에 대해 곰곰이 생각할 뿐이었다.

 서울 살 적 빛이 제대로 들지 않던 작은 원룸에서 죽어버린 선인장이 생각났다. 웬만하면 죽이기 어렵다는 선인장을 죽이고 더는 식물을 키우지 않기로 다짐했었다. 나는 물의 요정이 아니다. 그런데도 또다시 식물을 데려왔다. 내 손을 타며 어떻게 될지 모를 녀석에게 이름까지 지어주었다. 이름이나 별명을 지어준다는 건 거기에 얼마간 내가 품을 수 있는 다정을 품겠다는 의미이다. 그게 내가 여태껏 녀석에게 쏟은 애정이든, 물의 요정처럼 조용하고 느긋한 정성이든 일단은 그를 죽이지 않고 살리는 일에 나를 할애하겠다는 뜻이다. 동시에 계절마다 달라지고 자라나는 녀석을 지켜보며 내가 살아야 할 모종의 이유를 만들고 싶다는 뜻이기도 하다.

 날이 풀리기 시작하며 방심했던 걸까. 삼월 말 무렵, 제법 봄기운이 왔다 생각해 집을 비우는 며칠 동안 창가에 두었다가 오히려 시들어버리고 말았다. 겨우내 풍성해졌던 녀석의 잎이 떨어지고 볼품없이 변해버렸다. 과감하게 죽은 이파리들을 떼어내 주었다. 녀석에게도 봄이 때가 아닐 수 있겠지. 내가 이번 봄을 그다지 기다리지 않았던 것처럼.

 녀석을 데려온 지 일 년이 지나 다시 여름이다. 나는 이 여름을 건강하게 지내고 싶어졌다. 부지런하게 살고 싶다. 앙상해진 녀석도 잘 돌볼 예정이다. 그래서 다음 이사할 집에서도, 그다음 어느 곳이 되더라도 같이 있었으면 좋겠다. 아, 녀석의 이름은 페페입니다.

책 고를 때 손으로 만져보고 눈으로 읽기도 하지만 습관적으로 코부터 갖다 대는 버릇이 있다. 책 마구리를 엄지손가락으로 단단히 잡고 차라락 넘기며 코 가까이에 대본다. 갓 구운 빵에서 나는 냄새처럼, 탄생과 존재를 알리는 그만의 향이 있다. 숲 같기도 하고 흙먼지 같기도 한. 오랜만에 그 냄새를 맡고 싶다. 그들 사이에 머무르고 싶다.

김장은 매해 겨울 시작을 알리는 가족 행사다. 어릴 땐 동네 아주머니들끼리 품앗이하며 날짜를 정해 서로의 집에서 김장을 하곤 했다. 지금이야 절임 배추를 쓰기 때문에 재료 준비부터 버무리기까지 이틀이면 김장이 끝나지만, 어릴 땐 배추까지 직접 다 절여가며 며칠에 걸쳐 김장을 했다. 욕조만큼 커다란 고무대야와 플라스틱 채반에 배추를 산더미처럼 쌓아두고 먹을 만치 포기 크기로 배추를 가른다. 입김이 나는 베란다에서 시린 손을 호호 불어가며 배춧잎 사이사이에 굵은소금을 뿌리는 일부터 김장의 시작이었다.

늦가을에서 초겨울로 넘어갈 즈음 날이 쌀쌀해져 입김이 나기 시작하고 마트 메인 매대에 배추들이 모습을 드러내면 보애에게 전화를 한다. 엄마, 배춧속 다 찼어? 편한 옷가지를 챙겨 고향으로 향한다. 늦은 새벽까지 손가락 끝에 흙물이 들도록 재료를 다듬고 자고 일어나면 이른 아침부터 서둘러 모여 앉아 김장을 시작한다.

나이가 들며 입맛이 변한 보애는 언젠가부터 내게 김장 간을 맡기기 시작했다. 큰 대야에 고무장갑을 낀 보애가 김칫소를 양손으로 휘휘 젓고 있으면, 나는 각종 양념들을 옮겨 와 그 옆에 쪼그리고 앉는다. 기본적으로 보애의 레시피가 있지만 매년 재료의 성장이 조금씩 다르기 때문에, 나는 거기에 액젓이 더 필요한지, 마늘이 더 필요한지, 고춧가루가 더 필요한지 한입씩 먹을 때마다 양념을 조금씩 붓는다. 파나 갓이 더 필요하다면 옆에 앉아 후다닥 썰어 넣기도 한다.

보애와 김장 때마다 나누는 레퍼토리가 있다. 보애가 이제 기억력이 예전 같지 않아- 그러면서 양손으로 김칫소를 버무리면, 나는 사람이 나이가 들면 어쩔 수 없이 우리 모두 다 그래- 그러면서 입으로 얼버무린다. 속으론 매년 나라도 기억해야지 하면서도 일 년에 한 번뿐인 그날을 금세 까먹는 간사한 인간의 기억력이다. 서울 살 적에는 냉장고에 보애 김치가 빠지지 않고 있는 편이었다. 어쩌다 고향에 내려가면 엄마 나 김치, 엄마 나 콩자반 그러면서 필요한 것만 직접 챙겨 비닐과 지퍼백에 몇 번이고 꽁꽁 싸매 버스든 기차든 자취방으로 가져왔다. 보애는 도둑이네 도둑 그러면서도 주방으로 다가와 오이지나 가지무침 등 내가 잘 먹는 것 위주로 반찬 몇 가지를 더 챙겨 넣어주곤 했다. 보애는 일찍부터 타지에 나가 살게 된 우리가 알아서 잘 챙겨 먹을 거란 믿음이 있는 편이다. 때마다 택배로 반찬이며 김치며 보내주는 스타일도 아니었다. 만들어진 반찬보다도 재료를 챙겨주는 편이었다. 멸치 가루, 볶은 깨, 고춧가루, 매실청 등 직접 해 먹어 보라는 경험과 한편으로는 보애가 나를 믿는다는 마음을 함께 챙겨 넣어주는 것 같았다.

섬으로 이사 와 아쉬운 것 중 하나는 보애의 김치였다. 가지고 비행기를 타는 것도 애매하고 더운 날씨에 택배는 더욱이 그랬다. 지난해 이사하고 비비고 김치로 김치 라면을 끓여 먹던 중 먹는 일에 진심인 친구에게 연락이 왔다.

― 뭐라고? 너 지금 비비고로 김치 라면을 끓였다고?

― 응, 대기업도 꽤 괜찮아.

― 야, 너 딱 기다려.

며칠 뒤 친구는 아이스박스에 김치를 종류별로 보내왔다. 맛 김치, 신김치, 파김치가 종류별로 들어있었다. 반찬통에 정리해 냉장고에 넣어두니 역시 엄마 손길이 닿은 김치가 냉장고에 있을 때의 든든함은 다르다는 걸 다시 한번 느꼈다. 우리가 같은 고향 출신이라 그랬던 건지 알 수 없지만 친구 어머님의 김치 맛은 보애의 김치 맛과 매우 흡사했다. 야, 너 지금 우리 엄마도 안 하는 걸 너희 어머님이 하셨어. 보애 김치 맛이랑 너무 비슷하다. 수진아, 그냥 맛있게 먹어. 같은 고향에서 나는 재료로 담그니까 비슷한 거야. 아녀, 이 정도면 너랑 나는 엄마가 같은 거야. 친구와 농담을 주고받으며 김치를 덜어 맨입에 우걱우걱 먹었다. 김치만 있어도 할 수 있는 요리가 무궁무진하다. 김치볶음밥, 김치찜, 김치찌개. 그냥 들기름에 들들 볶아 두기만 해도 밥반찬으로 예술이다. 그런 식으로 매일 먹을 수도 있는 김치지만 어쩐지 작년 내내 아껴먹었던 친구 어머님의 김치. 겨울에는 보애에게 새 김치를 보내달라고 응석이라도 부려봐야겠다고 생각했다.

— 엄마.

— 응?

— 나한테 요리는 왜 가르쳤어?

　　　　보애는 저녁을 차릴 때마다 나를 그녀 옆으로 불러들였다. 선뜻 그 옆에 따라붙은 이유는 요리보다 그녀의 수다를 좋아했기 때문이다. 어린 내 옆에 누워 재잘댔던 그녀의 어린 시절. 부엌데기로 자랄 수밖에 없었던 사연들을 마치 자장가처럼 들려주었다. 그런 그녀가 홀로 주방에 서 있는 게 신경이 쓰여서 언제부턴가 졸졸 따라붙기 시작했던 것이다. 이건 이렇게, 저건 저렇게 갖은 재료를 썰고 양념을 만드는 동안 그맘때의 어린 나도 자연스럽게 어깨너머 요리를 접하고 자랐다.

보애의 모든 칼질은 한입에 쏙 들어가는 크기에 그친다. 늦도록 수저질이 서툰 동생과 식사 속도가 아주 빠른 아빠가 흘리지 않고 한입에 음식을 먹을 수 있도록 함이었다. 때때로 식탁 위에 올려진 그녀의 배려가 어쩌면 나는 모를 더욱 오래된 시절의 습관일 거라 생각이 들면, 접시에 남은 반찬들을 모조리 긁어먹었다. 그리고 그것이 틀림없는 사랑이라 믿어 의심치 않았다. 재료를 한입 크기로 썰어내는 일. 과일을 깎을 때 모난 곳 없이 둥글게 깎는 일. 생일 전날 밤 소고기 핏물을 빼고 육수를 내고. 다시금 고깃덩어리를 건져 손으로 죽죽 찢어 따로 양념해 미역국을 팔팔 끓이는 일.

새해 아침, 계란 지단은 꼭 흰자와 노른자를 분리해 고명을 만들고 떡국을 끓이는 일. 끼니를 챙겼나 궁금해하는 일. 때마다 나를 챙기고 누군가를 챙기는 일. 아무리 밉고 꼴 보기 싫어도 사랑하는 사람에게 끼니를 차려주는 일. 그녀가 내게 심은 사랑의 씨앗은 어디까지 열매를 맺을 수 있을까. 이 모든 것은 그녀가 내게 물려준 사랑이자 유산임을 서서히 받아들이고 있다.

— 네가 관심 없었다면 알려주지 않았겠지. 내가 주방에서 뭔가 꼼지락대면 넌 늘 관심이 많았어. 그리고 무엇보다 네가 커서 어디서든 홀로서기 해야 할 때, 그리고 사랑하는 누군가와 함께 살아야 할 때 요리는 꼭 필요할 테니까.

옷가지는 점점 얇아지는데 덜어내지 못한 것들을 내내 어딘가 감추고 지내는 기분이 썩 개운치 않았다. 오월 동안 크게 앓는 바람에 체력이 훅 떨어진 것도 있거니와, 아직 여름도 아닌데 뭐가 자꾸만 그리 축축하고 찝찝했는지. 유월 들어 필요 이상의 힘으로 꼭 쥐고 온 것들을 정리하기 위해 산책에 몰입하고 있다. 시간이 되면 모자를 눌러쓰고 옷을 갈아입고 몇 가지 짐을 챙겨 집을 나선다. 유선 이어폰, 무선 이어폰, 헤드셋. 고르는 음악에 따라 챙기는 장비도 다르다. 날이 밝을 땐 책을 챙기기도 하고 가방 없이 맨몸으로 나서기도 한다. 이따금 코인노래방에 들르고 싶어 바지 주머니에 오백 원 한두 개를 찔러 넣기도.

　밤이나 아침, 시간은 대략적으로 한 시간을 잡는다. 집 근처에는 마땅한 산책로가 없어 큰 대로변을 따라 시내 한 바퀴를 크게 돌기로 작년부터 나만의 루트를 정해두었다. 대체로 그렇게 마음먹은 동선이 있지만 위험하지 않은 시간대라면 훌쩍 경로를 이탈하기도 한다. 몸과 마음이 피로한 날엔 과감히 생략하기도 하고. 변덕스러운 나와 상관없이 계절은 참 부지런하다. 누가 시키지 않아도 때가 되면 알아서 저물고 알아서 피어난다. 한결같은 계절의 성실함에 감탄하며 걷다 보면 가슴팍과 등허리가 땀으로 촉촉해지고 가느다란 곱슬머리는 공중으로 풀풀 날아다닌다. 두 다리로 모기가 달려들고 얇은 바짓자락이 척척 감겨온다.

빠른 걸음으로 쉬지 않고 걷는 편이지만 횡단보도 앞에 서면 어쩔 수 없이 잠시 몸을 흔들며 대기하거나 허리를 쭉쭉 편다.

지난 늦가을부터 알람을 끄고 지냈다. SNS나 메신저 알람 등 반복적으로 나를 자극하는 것들. 갈수록 헷갈리게 만들고 애매하게 구는 것들로부터 나를 보호하고 싶었다. 사소한 알람일 뿐이지만 일상을 침범하는 도파민에 관한 글을 읽고 그렇게 지내보기로 했던 것. 결론적으로는 그 선택을 큰 어려움 없이 수월하게 받아들였다. 일할 때는 시간을 정해두고 좀 더 신경 쓰면 되는 부분이었고 일상생활에서 그리 크게 문제 될 게 없었다. 일종의 진공 상태를 만든 느낌. 올여름의 시작과 함께 만들어둔 진공 상태에 주저앉아 불안 카테고리를 활짝 열어젖혔다.

태어나 지금껏 보고 듣고 느끼고 경험했던 수많은 불안들이 시작과 끝을 숨기고 한데 엉켜있다. 언젠가 불안에 대해 말하고 쓰면서도 제대로 풀어내 본 경험도, 풀어낼 방식도 몰라서 뭉텅이째 내 것으로 여기고 그것을 끌어안는 게 최선의 방법이라 여겼다. 어렴풋이 시작과 끝이 보인다. 거기서 하나둘 솎아 낸다. 물론 아직도 개 중에는 내가 절절히 안아주고 싶은 불안도 있고, 이제는 함부로 덤볐다간 같이 괴멸하겠구나 싶은 불안도 있지만. 내일을 위해 오늘의 내가 반드시 겪어내야만 하는 불안과 내 것이 아닌데 자꾸만 내 발목을 잡고 늘어지는 불안을 구분하고 있다. 감수할 수 있는 것과 감수해야만 하는 것, 감수하면 안 되는 것과 감수할 수 없는 것을 나누고 있다. 필요 이상의 쓸모없는 이타심 때문에 쉽게 타인을 미워할 수 없었고, 그 화살의 끝이 나를 향했던 날들을 돌이켜본다. 끝과 끝을 찾아 매듭을 만드는 순간이 있는 반면, 미련 없이 매듭을 잘라내기도 한다. 다시 찾아 반가운 언어와 새로 만나 반가운 언어가 늘어나고 있는 요즘.

모닝콜 알람마저 꺼두고 지낸다. 얼굴로 쏟아지는 햇살에 저절로 눈을 뜨고 몸을 일으킨다. 수영으로 하루를 열고 종일 쓰고 산책으로 하루를 닫는다. 남은 여름도 어떤 것들을 남겨야 할지, 그게 무엇인지, 그리고 무엇이 될지. 계절을 무사히 건너가고 싶다.

그러나 제가 지난가을 이후 당신의 연락에 꽤 충실히 답장하고 있다면 아마 그건 당신을 많이 아끼고 사랑한다는 뜻입니다.

아직도 기억하는 어른이 있다. 얼마간 피아노를 알려준 어른. 어른 옆에 앉으면 송진 냄새 같은 게 났다. 피아노 의자를 열었을 때 나는 냄새와 비슷했다. 어른은 영어를 부드럽게 흘려 적었다. 높은음자리표는 한 줄로 휘갈겨 썼다. 음표는 직선으로 날카롭게 그렸다. 오선지 위에서 나뭇가지와 잎사귀가 춤을 춘다고 생각했다. 피아노를 그만두고 나서도 오래 간직했던 향기와 필체였다. 그때부터 나는 어른이 되면 나만의 향기와 필체가 저절로 생기는 줄 알았다. 그게 사람의 결이라는 것을 깨달았을 때는 이미 서른이 넘어서였다.

나에겐 초능력이 있다. 실제로 초능력은 아니지만 내가 진심으로 인정하는 몇 안 되는 나의 장점이라 그렇게 표현하고 싶다. 남들이 볼 때 별것 아닌데 싶은 부분에서 세상 다 가진 것처럼 감격할 줄 아는 초능력. 마음이 살살 녹아내린다. 이건 태어날 때부터 장착된 옵션인지 살다 보니 생긴 건지 모르겠지만 아무튼 내가 아끼는 능력이다. 그리고 요즘엔 이 능력이 발현되는 날이 정말 드물기도 해서 오늘 꼭 일기를 쓰고 싶었다.

오늘 저녁은 맥주와 컵라면, 그리고 붕어빵. 어젯밤 일주일 치 장을 보았고 오후에 배달 온 걸 냉장고에 차곡차곡 정리하다 보니 맥주 한 캔 들어갈 자리가 없었다. 괜찮다. 마셔서 없애버리기로 한다. 마침 먹고 싶었던 컵라면 주문한 것도 같이 왔으니까. 컵라면에 물을 붓고 맥주와 나란히 두고 바라본다. 아니 둘 다 어떻게 이렇게 쨍한 파란색이지? 너네 꼭 우연치고 운명 같다. 넌 코끼리가 귀엽고 넌 메인 폰트가 귀엽구나. 컵라면 후루룩 한입, 국물 한 모금, 맥주 한 모금. 목구멍부터 뱃속까지 뜨거웠다가 차가웠다가 미지근했다가 그러는데 혼자 웃음이 나서 히죽거렸다. 그게 마치 요즘 이랬다저랬다 하는 나 같은데 뭔가 알듯 말듯 편안하고 행복하다. 그러다 보니 컵라면이 먼저 바닥을 보였다.

동전을 닥닥 긁어모아 집을 나섰다. 저 슈크림 두 개, 팥 하나 주세요. 슈크림 두 개랑 팥 하나. 혹시 바삭한 거 좋아해요? 어, 좋아해요. 자, 방금 구운 거 맛보라고 하나 더 넣었어요. 으아, 감사합니다. 온기 가득한 붕어빵을 품에 안고 돌아와 따뜻할 때 남은 맥주와 함께 해치웠다. 그리곤 소파에 모로 누워 까무룩 잠들었다 일어났다. 행복 거창한 거 아닌데 살면서 입력된 불안 값의 양이 너무 방대한 나는 그걸 자주 잊고 산다. 너무 쉽게 행복하다 말하면 오히려 달아나는 기분이라 그렇게 내뱉고 입술을 앙다물게 된다. 뒤따라오는 서글픔에 때마다 상기시키고 기록을 들춰봐도 언제 그랬냐는 듯 늘 새로워서 소중한 감정이다. 어쩌면 그 신선함이 더 좋아서 자주 잊고 사는 걸까. 좋아하는 것들로부터 더는 위로 받지 못하는 순간이 오더라도 계속해서 써야겠다.

단언컨대 장담했던 면모에 대해 하나 둘 물음표가 그려졌던 한때. 오래전 개인적으로 풀리지 않는 의문 하나가 있었다. 이 사람들을 만났을 때의 나와 저 사람들을 만났을 때의 내가 사뭇 다른 자세인 것. 익숙하거나 낯설거나 다양한 관계에서 쉽사리 긴장을 놓을 수 없는 경향이 있다. 그때그때 마주 앉은 이의 분위기에 맞춰 언행을 취하다 보니 어떤 내가 진정한 나인지 헷갈리던 시절이 있었다. 그맘때 이런저런 이들에게 자주 했던 질문이다. 어떤 내가 가장 가까운 나라고 말할 수 있는지 구분하기 어려워요. 관계에서 진

솔함이 가장 우선순위라 여기면서도 때마다 원치 않는 가면을 쓰고 있는 것 같아 모호해요. 어떤 날엔 만남 뒤 집으로 돌아오는 길, 그게 눈물이 날 정도로 괴롭기까지 했어요.

반복된 질문 끝에 얻은 답변 중 마음 가장자리에 닿은 답변 하나. 이런 너도 저런 너도 전부 네가 아닐 수는 없어. 중요한 건 중심의 너는 쉽게 변하지 않는다는 거야. 그리고 오늘날의 나는 누구나 지닌 고유의 뼈대에 대해 생각한다. 태어나 지금껏 자의와 타의로 만들어진 모양. 때론 부정하고 싶기도 긍정하고 싶기도 한 존재의 이유. 쉽게 깎거나 쳐낼 수 없을뿐더러 피눈물 나는 노력을 해야만 변할 수 있거나 유지 보수될 수 있는 형태. 내가 나의 뼈대라고 정의 내리는 것들이 결코 헛되거나 잘못된 것이 아니기를. 내가 나라고 품고 살아온 것들이 함부로 재단되기보다 조금 더 지혜롭게 삶을 융통하고, 사람과 사랑을 보다 품을 수 있는 밑거름이 되기를.

가끔 기도라는 걸 합니다. 왜 그런 거 있잖아요. 종교가 없어도 할 수 있는 정도의 그런 거요. 어릴 땐 엄마 아빠를 따라 절에 다녔고, 학창 시절에는 천주교 고등학교에 다니면서 세례도 받았습니다. 스물두 살 때는 좋아했던 사람을 따라 교회도 다녔고 매일 아침 큐티라는 걸 해보기도 했습니다. 오늘날의 나는 무교입니다. 어느 특정 신을 믿지 않지만, 어렴풋이 신이라는 존재가 정말로 있다고 생각합니다. 그래서 나는 종종 기도라는 걸 합니다. 자기 전에 문득, 버스를 타고 가다가 문득, 머리를 감다가 문득. 마음속 두 손을 모아봅니다.

 오래전 장바구니에 넣어 둔 책이 절판되지 않기를. 내일은 일찍 자고 일찍 일어나서 아침을 챙겨 먹을 수 있기를. 내 손을 거쳐 간 책들이 모두 모두 잘 팔리기를. 그리고 나의 책도 언젠가 그렇게 되기를. 오늘 출근했을 땐 손님이 많기를. 혈압 높은 후식이 출근할 때 새벽 공기가 너무 차갑지 않기를. 우리 보애의 세월이 다음 달에 만났을 땐 조금만 천천히 흘러가기를. 고향에서 돌보는 고양이와 닭들이 모두 건강하기를(그래야 보애가 마음고생 안 하니까). 저 멀리 사는 엄마 아들이 아무쪼록 열심히 사랑하고 열심히 잘 지내기를. 언젠가, 어디에선가, 아끼는 사람들이 각자의 자리에서 나름대로 호시절에 머물고 있기를. 그랬으면 좋겠네. 좋겠네. 휘파람처럼 휘휘 불어 봅니다.

대단히 기대하지는 않습니다. 전부 다 이루어지다는 건 욕심이라는 걸 아니까요. 아무렴 어떻습니까. 다 될 순 없겠지만 그냥 해보는 겁니다. 숨 쉬듯이 밥 먹듯이 습관처럼 읊조려 보는 겁니다. 종교가 없어도 누구나 마음에 품을 수 있는, 말 그대로 유치한 소원 같은 거라고. 울지 않고 산타를 기다리는 다섯 살처럼, 서른이 훌쩍 넘었어도 머리맡에 이 정도 양말 한 짝쯤은 괜찮을 거라고. 혹시 아요. 빌다 보면 많고 많은 분들 중에 어느 신께서 귀 한번 기울여주실지. 하나는 이분이, 하나는 저분이.

— 극단적으로 생각하는 경향이 있어요. 특히 수진 씨 자신에게요. 스스로에게 야박하지 마세요. 사람 사는 게 이분법적으로 생각하면 가능성이 적어져요. 사람 관계도 흑백만 있는 게 아니라 회색일 때도 있어요. 회색으로 존재하는 관계는 그렇게 둬도 괜찮아요. 그런 관계가 주는 이점도 있고요.

— 방어적으로 굴 때 좀 극단적인 편이에요. 제가 이런 사람이라는 걸 인정하고 나서부터 할 수 있는 말이나 쓸 수 있는 단어는 많아져서 좋아요. 인정하고 나니 아무래도 표현들이 자유롭고 구체

적으로 확실해진 부분도 있어요. 훨씬 더 저답다고 생각해요. 근데요, 선생님. 저 같은 사람 곁에 있는 건 쉽지 않을 것 같아요. 그건 상대한테 너무 불공평하잖아요. 건강한 사람 곁에 있고 싶다면 제가 먼저 건강한 마음을 가져야 한다고 생각해요. 안전한 사람 곁에 있고 싶다면 제가 먼저 안전한 품이 되어주고 싶어요. 요즘엔 불안을 아예 지우고 살아요. 불안한 마음이 들면 재빨리 이성을 찾으려고 해요. 이런 모순적인 모습도 저라고 생각해요. 아무것도 하지 않으면 아무 일도 일어나지 않는데요. 정말 솔직히 자신은 없어요. 말해야 할 것 같은데 들키고 싶지 않은 것 같기도 해요. 잘 모르겠어요. 차라리 혼자인 게 나은 것 같아요. 너무 서툰 것 같아요. 이런 애매한 표현들을 지양하고 싶은데 쉽지 않아요.

— 불안한 게 잘못은 아니잖아요. 자책하지 마

세요. 수진 씨, 수진 씨도 회색일 필요가 있어요. 밝은 회색부터 어두운 회색까지 전부 수진 씨라고 여길 필요가 있어요.

사계절 중 겨울을 가장 기다려요. 문을 열고 나서면 눈물이 핑, 하고 돌 정도로 시린 공기의 느낌을 좋아하거든요. 이마와 양 볼을 매섭게 덮치는 분명한 찬기가 마침내 겨울까지 무사히 도착했다는 걸 알려주는 것 같아요. 겨울 첫 추위와 볕 아래에서 두 눈을 꾸욱 감았다 뜨는 버릇이 있어요. 가끔은 겨울마다 다시 태어난다는 상상을 해요. 태어나자마자 뜨겁게 울음을 터트리는 이가 세상의 온도와 빛을 처음 만났을 때 그런 느낌이었을까요.

성탄절에 태어난 사람들은 어떤 기분일까요. 나는 그날을 핑계로 사람들에게 사랑과 안녕이 깃들기를 빌어요. 이래저래 함부로 사랑한다 외치고 다녀요. 태어난 날을 세상 모두가 축복한다니. 아무리 상상해 봐도 도무지 어떤 기분일지 모르겠어요. 나는 종종 내가 태어난 이유와 존재의 의미에 대해 묻고 또 물어요. 대답을 원할 때도 있고 원하지 않을 때도 있어요. 어떤 대답은 식상하고 진부해서 입을 닫고, 어떤 대답에는 덜컥 눈물부터 나서 이를 악물기도 해요.

그렇지만 오늘도 알아가요. 계절마다 마주한 크고 작은 물음표와 마침표, 그들의 포옹이 나를 지켜왔을 거라고. 이제 또 한 번 겨울을 기다려요.

1

　　방금 착륙하자마자 맥주와 편의점 핫도그를 사 들고 집에 들어왔습니다. 엘리베이터를 기다리며 한 손으로 맥주캔을 따버릴 정도로 오는 내내 갈증이 심했어요. 편의점 사장님은 나를 정확히 기억합니다. 작년 이맘때부터 수영 끝나고 집에 돌아가는 길마다 들러 매일 군고구마를 찾았기 때문이죠. 아마 그것도 있겠지만 늘 혼자 마시기에 많은 양의 술을 계산대에 올려놓아서일 수도 있겠어요. 오늘은 살짝 걱정하는 눈치로 나를 나지막이 학생이라 부르더군요. 백팩에 캔맥주를 하나둘 담는 내게 혼자 그걸 매번 다 마시냐고 물었습니다. 에이, 한 번에 다 못 마시죠. 사장님, 그리고 저 서른세 살이에요. 늘 부르던 대로(군고구마 아가씨) 불러주세요.

2

술을 무척이나 좋아합니다. 젊을 때 주당이었던 후식의 유전자를 물려받아 술을 즐기고 또 제법 마시는 편입니다. 본인 포함, 나를 둘러싼 모든 게 참 별로였던 시절. 생각했죠. 사람의 인생이 죽을 때까지 이렇게 고단하기를 반복한다면 술이든 담배든 둘 중 하나는 해야 숨통이 좀 트이고 살맛도 나겠구나. 나는 술을 선택했습니다. 물론 술 자체가 맛있어서도 있지만 점점 더 좋아하는 게 많아졌어요. 술 마시면서 할 수 있는 대화, 오고 가는 사람들의 눈빛과 표정, 느슨하지만 진솔한 언어,

조금 느리게 깜빡이는 속눈썹, 살짝씩 흘러넘치는 술잔. 그런 찰나를 좋아해요. 그리고 그 순간을 포착할 줄 아는 지금의 나를 좋아합니다.

3

어제는 이웃들과 술을 마셨습니다. 아침이 오자 얼굴에 쏟아지는 볕에 목덜미가 땀으로 촉촉해진 게 느껴졌어요. 몸을 일으켜 메모장을 확인하니 또 무언가를 적어 두었더라고요.

[아르튀르 랭보가 말하기를, 사랑은 재발명되어야 한다. 우리가 익히 알고 있듯이.]

4

돌아오는 비행기 안에서 작년 이맘때쯤 본 영화 대사가 떠올랐습니다.

[인생의 절반은 같이 견딜 사람을 찾는 거고,

나머지 절반은 그 사람한테 벗어나는 데 쓰는 거야.]

5

　방지턱과 돌파구가 동시에 필요한 시점. 밤마다 정수리가 뜨끈하도록 열이 나요. 다행인 건, 한 줌의 억지도 없을 거라는 것. 나는 요즘 투명해요. 투명한 마음에 대해 오래오래 쓰고 싶어요.

오랜만에 고향에 들렀다. 이사한 지 일 년 하고 반이 지났지만 아직도 새집이 낯설다. 현관 앞에 서서 들어서기를 잠시 망설이게 된다. 집에 들어서자 고양이가 먼저 알아보고 눈인사를 건넨다. 보애는 내가 좋아하는 도토리묵을 쑤어놨다며 웃었다. 운전대를 잡고 잠시 멀리 나갔다 돌아왔다. 퇴근한 후식이 집 여기저기 흔적을 남기며 돌아다닌다. 나는 어김없이 알레르기 약을 챙겨 먹고 고양이를 만지다가 가만히 앉아 소파에 쌓인 빨래를 개켰다. 보애는 그런 후식 뒤를 쫓아다니며 흔적을 치웠다. 후식은 보애가 새집을 이고 지고 산다고 말하며 웃었다. 두 사람은 대화가 부쩍 늘어 있었다. 아무 말 없이 수건을 접는 내게 자꾸만 이런저런 농담을 건넨다. 저녁 밥상에는 내가 좋아하는 따끈한 묵사발이 올라왔다. 고개를 박고 연신 숟가락질만 했다.

저녁을 먹자마자 잠들었다. 두 눈 위로 새벽빛이 느껴질 무렵, 방문이 열렸다. 손 하나는 내 등 밑으로 들어와 전기매트 전원이 꺼지지 않았는지 확인했고, 손 하나는 조용히 내 머리칼을 쓰다듬었다. 아주아주 긴 잠을 잤다. 꿈속에서 나는 우리 햇볕으로 걷자고 말했다.

인스타그램을 삭제했어. 외출도 부쩍 줄어들어 그런지, 집에서 종일 아무 말 없이 보내는 하루가 쌓여 가. 종종 친구 일을 도우러 나가거나 우체국에 들러 책을 보내는 일 말고는 오롯이 자고 먹고 쓰고 듣는 일상에만 몰두하는 요즘이야. 실은 겨우내 잠깐의 외출에도 우편함 앞을 서성이는 날들이 이어지다가 그만두곤 했어. 어떤 답장을 기다리고 있었던 건지 모르겠지만 내내 기다렸던 것 같아. 우편함을 비울 때마다 분명 그런 마음이었거든. 봉투를 열자마자 향기가 나더라. 나는 플로럴보다 나무 냄새, 종이 냄새, 보송하게 잘 말린 빨래에서 나는 냄새 같은 걸 좋아해. 마침 그런 향기가 났어. 도착하기까지 증발하지 않기를 바라는 마음으로 봉했을 거라 생각하니까, 자주 펼쳐보면서도 그렇지 않을 때는 괜스레 봉투를 닫아두게 돼. 잔향이 좀 더 오래가기를.

편지를 기다려줘서 고마워. 나는 잘 지내고 있어. 차가운 실내 공기와 더불어 몸을 덥혀 주는 술이 찬장에 있고, 흐린 날이 이어지다가도 때가 되면 해가 나왔다며 안부를 묻는 메시지들이 있어. 마찬가지로 사람들을 좋아하고 사람들이 무서운 나라서, 그 간극을 서성이다 보면 쉽게 불안에 빠져버리게 돼. 이따금 고요하게 보내고 싶어 자청한 묵묵한 일상 속에서도, 이대로 마음이 너무 딱딱한 사람이 되어버리는 건 아닌가 하는 상상. 초조함. 사람 참 간사하지. 이런 알 수 없는 감각을 응시하는 것도 나를 지키는 방법이라는 걸, 이제와 그런 나조차도 있는 그대로의 나라고 끄덕이며 덕분에 무사한 겨울이야. 봤는지 모르겠지만 오늘은 간만에 해가 나왔어. 그리고 고맙다 전하고 싶어서 적어. 너 역시 다음으로 무사히 건너가기를.

일찍부터 잠들었다. 진동이 울렸다. 누구 목소리인지 제대로 확인하지도 못하고 자는 중이라고 얼버무렸다. 몇 초간의 짧은 통화.

일어나자마자 다시 전화를 걸었다. 친구들과 술 한잔 기울이다가 내 얘기가 나왔고 생각난 김에 전화했다는 연락. 육지에 오면, 올라오면 다 같이 만나 각자 작업도 하고 그러자고. 그 말에 어찌나 힘이 솟는지 오늘 종일 이사 관련 업무를 하느라 하루가 다 지나갔다. 작년 칠월 생일날. 내리는 비와 땀, 먼지로 샤워하며 이 집으로 이사했었는데. 바로 옆 건물이라 사람이나 업체를 쓰기도 뭐해서 왔다 갔다 하기를 서른 번쯤 넘기며 이사를 마쳤다. 그리고 일 년도 채 지나지 않아서 또 이사를 준비한다. 내 짐이랄 것들을 이고 지고 떠돌며 홀로 서는 생활에 익숙해져간다.

종종 눈알이 굴러가는 소리가 들릴 만큼 머리가 핑 돈다. 다시 육지로 이사. 그 후의 삶을 생각하면 좀처럼 잠이 안 온다. 불쑥 용기가 솟았다가 설렜다가 막막하기를 반복한다. 어지러운 생각과 울렁거리는 마음을 멀리하기 위해 깨어있는 동안 분주히 움직인다. 버릴 것들을 계속 내다 버리고 빠르게 결정해야 할 것들을 쳐내고 있다. 무언가 버리는 행위 하나에도 사소한 마음이 필요해서 조금 피로하다. 아무 말을 하지 않아도 깊숙이 안아주고 안길 수 있는 사람들과 간판을 읽을 수 없는 곳으로 떠나고 싶다.

공항 카페에 앉아 노트북을 열었다. 시각은 3시 2분. 원래 일정대로라면 방금 제주에 막 착륙했을 시간이다. 2시 5분 비행기였는데 셀프 체크인 기기에서 아무리 두드려도 탑승 정보가 없었다. 도대체 이게 무슨 일인가 했더니만 집 구하느라 정신없이 표를 끊는 바람에 제대로 확인 안 한 내 탓이오. 청주―제주행을 끊어야 했는데 제주―청주행을 끊어놓은 것이다. 공항 구석에 쭈그리고 앉아 관자놀이를 쥐어박고 다시 표를 찾기 시작했다. 저녁 전에 도착해야 하는데 남은 건 그냥도 아니고 비싼 비즈니스석뿐, 제주로 이사하고 처음으로 눈물을 머금고 끊었다. 쳐내야 할 일이 너무 많은 요즘, 뭘 이렇게 하나씩 빠뜨린다. 정수리와 등에서 땀이 쭉 났네. 정신 차리려 커피에 샷 추가하고 앉아서 이 글을 쓰는 중.

연휴가 끝나자마자 이른 기차를 타고 서울로 향했다. 제주로 이사할 때는 무슨 생각으로 결정했는지, 그간의 삶에서 버릴 것들을 과감하게 다 버리고 넘어갔었다. 택배로 다 챙길 수 없는 책들은 여태 고향 집 창고에 잠들어있다. 사람이 살다 보면 그렇듯 2년간 또 짐(책)이 늘었다. 다시 육지로 올라오니 미루고 미룬 고민과 꼬리에 꼬리를 문 생각들이 불면증으로 이어지고 나서야 마음의 결정을 내렸다.

오래전 서울살이할 때는 5평짜리 원룸에서 어

떻게 7년을 살았나. 그래도 그때의 나는 가장 치열하고 건강하고 뜨거웠다. 평일 주말 밤낮 가리지 않고 열심히 살았다. 그때 그 동네에는 글을 쓰러 들르는 단골 카페가 있었고 책 포장하며 며칠 새벽은 거뜬히 건너는 내가 있었다. 잠이 안 오면 언제든 나가 걸을 수 있는 하천이 가까이 있었다. 사계절이 뚜렷하게 보이는 곳이었다. 작지만 어디를 얼마간 떠났다가 돌아와도 내 집 같던 아늑한 곳에서 부지런히 냉장고를 채워두고 지어먹고 삶을 기록했다. 그곳에서 오래 살 수 있었던 이유다.

12월부터 지낼 곳을 보러 섬과 육지를 오갔다. 두 달 가까이 많은 집을 봤다. 은평구, 서대문구, 마포구, 그저 공원이 예뻐서 살아보고 싶었던 보라매공원 근처까지. 그러다 지금 지역을 선택했다. 제주로 내려가기 전에 잠시 고민했던 지역이기도 하다. 어제도 열 군데가 넘는 곳을 봤지만 이쯤 봤으면 됐다 싶은 심정으로 계약해버렸다. 더 이상 고민이 너무 길어지면 다음으로 넘어갈 수 없으니까. 연식이 오래된 집이지만 대체로 깔끔했다. 무엇보다 들어갔을 때 첫 느낌이 환하고 괜찮았다. 어디에 무얼 둘지 그림이 그려졌다. 이후에 본 집들은 얼추 둘러보고 나올 정도였다. 계약서에 사인만 했는데도 어쩐지 일면 홀가분해진 마음이었다.

오늘은 공항까지 후식이 데려다줬다. 사람이 밤에 잠을 잘 자야 해. 너 혼자서도 술 자주 마시니. 잠 안 온다고 자꾸 술 마시지 말고 밖에 나가서 걷기라도 해. 아침에 일어나면 과일 같은 거 뭐라도 챙겨 먹어. 아부지, 나도 다 알죠. 나도 그렇게 살아본 적이 있지. 그게 뭔지, 그렇게 살아야 사람

답게 산다는 거 아는데 잘 안되니까 힘든 거지. 아빠 나이만큼 살면 그게 관성이 되려나. 어렵지 않게 되려나. 머릿속에 맴도는 대답은 못 하고 창밖에 시선을 던진 채 네네 웅얼거렸다.

머릿속에는 다시 육지로의 이사, 그리고 그 후의 삶에 대한 생각뿐이다. 어떤 감정과 마음은 사치로 느껴지기도 해서 되도록 냉정을 유지하려 한다. 제주로 이사할 땐 사는 일보다 그 반대에 대한 비중이 더 컸다. 별 미련도 없었다. 그랬던 내가 이제는 다시 사는 일, 살아야만 하는 삶에 대해서만 집중하고 골몰한다. 아직 이삿날까지 거쳐야 할 관문이 많지만 그런 건 뭐 그냥 하면 하게 되는 것이라 차근차근 해내고 있다. 어차피 내가 내 멱살 잡고 해내지 않으면 아무도 대신 해주지 않는 일들이다. 가장 큰 고민은.

앞으로 어떻게 하면 글을 더 열심히 쓸 수 있을까. 어떻게 해야 더욱 나다운 책을 만들 수 있을까. 오래오래 읽힐 수 있을까. 온통 그런 생각뿐이다. 번잡할수록 무언가를 쓰고 있다. 잠이 오지 않아도 버스에서도 길을 걷다가도 쓴다. 이런 내가 기특할 때도 쓴다. 비행기 잘못 끊어놓고 어쩔 수 없이 산 비즈니스석에 앉아 노트북을 펼친 이런 내가 꼴사나울 때도 무언가를 쓴다. 오랜만에 육지의 누군가와 안부를 주고받았다.

— 다시 열심히 살아야죠. 이사 마치면 꼭 연락할게요.
— 이번에는 열심 말고 행복하게 살아요.

보고 싶은 사람이 많다.
멀리서 보고 싶은 사람이 많아질 예정이다.

그 사이를 건너고 있다.

— 저랑 보신 지 11개월 차네요. 요즘은 기분이 어떠세요?

— 좋지도 나쁘지도 않은 것 같아요. 딱 중간인 느낌. 지금은 이 정도가 딱 괜찮은 것 같아요. 이것도 보통일 수 있을까요?

— 우리는 대부분 모두 보통의 사람들이에요. 크게 걱정 안 하셔도 돼요.

— 네.

— 처음에 오셨을 때 어떤 이야기 했었는지 기억나세요? 어떤 것 때문에 힘들어서 왔는지.

— 부모님 이야기를 가장 많이 했던 것 같아요.

그리고 오랜 애인과 헤어진 이야기요. 헤어지는 과정 자체도 쉽진 않았지만, 헤어지면서 저도 과거에 얽매여 살아왔다는 걸 깨달았던 일이요. 어린 시절 부모님과의 관계, 해소하지 못하고 자란 트라우마, 거기서 만들어진 결핍이요. 엄마에게 이입해서 자라느라 제 안에 저 자신보다 엄마가 더 많은 것, 아빠를 아주 오랫동안 미워했던 것, 아빠 같은 사람을 만나서 엄마처럼 살기 싫었던 마음, 그런데 사실 그 상처를 준 주체가 엄마였다는 거요. 제가 세상에서 제일 사랑하는 사람이 엄마였는데, 결국 엄마의 크고 작은 시도와 선택이 지금의 저를 만드는 데 일조했다는 거요. 그래서 결국 헤어져야만 하는 상황에도 불구하고 아빠와 완전히 정반대였던 전 애인을 쉽게 놓지 못했던 일들. 그런 것들이요.

— 맞아요. 특히 어머님 이야기를 많이 했었어

요. 검사지에도 보면 엄마에 대해 많이 써두셨는데. 끝에 '지금보다 더 이해하고 싶다.'라고 하셨어요. 지금은 어떠세요? 지금도 그렇게 생각하세요?

— 지금은, 지금은 인정할 부분은 인정해요. 제가 이번 생에 가질 수 없었던 부모님의 모습, 가족의 형태, 부부의 관계, 뼛속까지 각인된 상처. 인정할 건 받아들이고 미워하고 싶었던 건 충분히 미워했던 것 같아요. 미워하고 나니까 다시 사랑하고 싶은 마음이 들기도 해요. 어릴 때 분명 사랑받은 순간들이 정말 많았는데 자라면서 점점 그걸 다 잊고 살았거든요. 요즘엔 그런 순간들도 다시 좀 생각나요. 떠오르면 미워하는 마음이랑 사랑하는 마음이 뒤엉켜서 괴로웠는데 그런 게 많이 없어졌어요. 엄마 아빠를 떠올려도 마음이 예전보다 잔잔해요. 억지로 하는 애매한 이해보다 있는 그대로 인정하는 게 제일 큰 이해라고 생각해요.

그리고 이런 저도 있는 그대로 저라고 생각해요.

— 많이 정리하셨네요. 더 이해하고 싶다는 말이 사실은 이해받고 싶다는 말이라고 했던 거 기억나세요?

— 네. 기억나요.

— 약을 점차 더 줄여봐도 괜찮겠어요. 지금은 안정기라기보다 다시 나빠질 수 있는 시기라 일단 용량부터 조금 줄여볼게요.

얼마간 혼자 할 수 있는 걸 다 해보고 최후의 보루로 미뤄둔 병원을 선택했다. 묵은 숙제를 해치운 것처럼 일면 후련해진 기분이었다. 약 봉투를 품에 안고 나서며 눈물이 조금 났지만 슬퍼서운 건 아니었다. 오히려 그 이후로 나를 돌보는 일에 더 열과 성을 다해 지냈다. 봄 여름 가을 겨울 책들을 데리고 섬과 육지로 소풍을 즐겼다. 여름

해변에서 온몸을 바싹 태우며 마음껏 헤엄쳤다. 어느 때보다 가장 많은 술을 마실 수 있게 되었다. 좀 엉망으로 지낸 날들도 자책하지 않았다. 내내 그리웠던 사람들을 만나고 보고 싶었다 전했다. 고장 난 내 안에 아직도 살아 숨 쉬는 사랑을 발견했다. 미워하는 것들 중에서 나를 예전보다 그다지 미워하지 않았다.

눈앞에 놓인 선택지 위에 관계도 올려두었다. 거기에는 무수한 타인과의 관계, 나 자신과의 관계도 포함이다. 다가섰다 물러서기를 겁내지 않고 거리를 지키며 안전지대 안에 머무는 요령을 알아간다. 스스로에게 돌리는 화살 끝을 거둔 것만으로도 불안에서 점차 멀어진다. 고막을 틀어막고 안으로 비명을 가둔 채 울부짖던 시간도 흘려보낸다. 언제든 날카로운 비명만이 빗발치는 새벽이 오더라도 지금처럼 할 수 있는 일들을 하고 쓸 수 있는 것들을 쓰기로 한다. 그게 무엇이든 언젠가 더 선명해져 내게 돌아올 것이라는 걸. 이제는 내가 기억하지 못해도 몸과 마음이 기억하고 있을 것이다.

얼마간 잠시 알람을 꺼두었습니다. 특히나 메신저 알람이요. 누군가를, 혹은 무언가를 기다리게 될 것만 같아서요. 아무도 없는 곳에 나를 데려다 놓기를 원해서 건너왔던 제주였고, 이제는 다시 어디론가 흘러가기를 계획하며 꺼두었던 알람을 켰습니다. 알람을 켜며 눈물이 한줄기 흘렀지만, 이 눈물이 무슨 의미인지 나는 더 가보기로 했습니다.

나의 사전에 새로운 페이지를 적어 내려가고 있습니다. 늘 그렇듯 정답은 없어요. 나만 아는 해

설만이 있을 뿐입니다. 부쩍 많은 일들에 우발적인 용기를 내고 있습니다. 그들과 기울이는 술 한 잔, 그들의 눈빛, 그들과 함께 부르는 노래, 그들과 오고 가는 대화, 다시 사람들의 사이로 흘러가기를 원하는 순간들을 차근차근 기억해 둡니다.

오늘 이런 내가 있기까지 이곳, 제주에서 살뜰히 나를 아끼고 보살핀 이들이 있기에 가능하다는 것을 알고 있습니다. 아프리카 속담 중에 한 아이를 키우는 데 온 마을이 필요하다는 속담이 있어요. 홀로 이곳에 와 내가 그 속담 속 한 아이가 아닐까, 라는 생각을 한 적이 있어요. 역시 또 어떤 얼굴들이 보고 싶어져요. 겨울에 건너와 겨울에 떠날 준비를 합니다. 겨울이 서늘하고 아득히 멀기만 한 게 아니었다는 걸 알려줘서 고맙습니다.

— 언제든지 제주 놀러 오고 언니 집에서 자고 가. 금방 볼 거니깐 슬퍼 안 할게. 수진이 덕분에 언니가 제주가 많이 좋아졌어. 분명해. 고마워.

  — 여기에 가벼운 낙서도 아무에게도 못 할 말도 무엇이라도 적으며 언니의 마음에 늘 좋은 것들만 남아있길. 이 노트가 다 채워지면 제주로 돌아와. 기다리고 있을게.

  — 막내, 막상 가니까 김치라도 반찬이라도 더 챙겨줄걸. 할머니가 줄 수 있는 게 그런 것뿐인데. 육지 가서도 수영 열심히 하고. 할머니 오래오래 살 테니까 좋은 소식 있으면 꼭 알려줘요.

― 수진 씨, 부동산에서 연락받았지? 방금 보증금 입금했어. 육지 가는데 차비도 못 챙겨줘가지고 십만 원 더 보냈어. 집 깨끗하게 써줘서 고맙고 건강하게 잘 지내. 제주 오게 되면 연락해.

― 너 웬만큼 힘들어서는 얘기 안 하는 거 아니까. 분명히 지금 무슨 일이 벌어지고 있구나 싶은데 그냥 기다린 거지 뭐. 할 수 있는 게 기다리는 것뿐이지. 다 지나가면 알아서 연락하겠거니. 잘했다. 잘 지나갔어. 잘 연락했어. 고맙다. 수진아, 연락해 줘서 고마워.

— 언니의 곁에 나를 비롯한 정말 많은 사람들이 언니를 걱정하고 위로하고 사랑하고 있지만, 우리는 한낱 인간이기에 느끼는 외로움과 고독, 불안과 매일을 싸우잖아. 그 싸움에서 늘 승자가 되기보다 가끔은 멋지게 패배도 해주자. '졌다 졌어. 난 외로운 인간.' 하고 말야. 나는 언니가 멀리서 이기려고 안간힘 쓰며 전전긍긍해야만 하는 전쟁을 늘상 치르고 있다고 생각하면 걱정이 앞설 것 같거든. 나의 수진언니, 모든 전쟁에 이기지 않아도 때론 져버려도 내가 곁에 있을 거야.

마음 준 만큼 관계가 네 마음처럼 흘러가지 않을 때. 그럴 땐 전생에 그 사람에게 진 빚이 있었기 때문이라고 여겨라. 이번 생에 다시 만나 연을 이어가며 네가 마음 쏟는 동안 그 빚을 다 갚았기 때문이라고. 충분히 다 했기에 연의 수명도 다 된 거라 생각해라. 언제든 그 사람을 보내줘도 괜찮다고 생각해라. 그러면 고마워할 수 있단다. 여전히 사람을 사랑할 수 있단다. 그렇게 잘 보내주고 너 자신도 홀가분해지렴.

다시금 윗배에 두 손을 포갰다.

듣고 있니, 아직 네가 거기에 있다면.

— 안녕하세요. 다름이 아니라 주문하신 목걸이 작업 중에 제가 잘못 체크해서 뒷면에 각인 작업이 이뤄졌습니다. 혹시 괜찮으실까요?

　피부나 다름없었던 목걸이가 끊어졌다. 수영할 때도 샤워할 때도 특별한 상황이 아니고서야 몸에서 떼어놓지 않고 지냈던 물건이었다. 공항으로 향하는 버스에 올라타는 순간이었다. 영차, 캐리어를 먼저 버스에 싣는데 무언가 댕그랑 떨어지는 소리가 났다. 내 뒤로 연달아 승객이 타야 하는 상황이라 바닥을 살필 겨를도 없었고, 안일

한 마음을 더하자면 그것이 내 몸에서 떨어진 물건일 거라고는 전혀 예상하지 못했다. 더더욱 목걸이일 줄이야. 공항에 도착하고 나서 보니 끊어진 목걸이 줄만 목에 덜렁 걸쳐있었고 펜던트가 사라지고 없었다.

지나간 애인이 선물해 준 물건이긴 했지만 순전히 그가 그리워서 유지했던 습관은 아니었다. 사람이 떠나도 물건은 남는다. 해마다 그가 써준 수많은 손 편지를 버리고 몇 년에 걸쳐 수만 장의 사진을 찬찬히 삭제했다. 그 사이에 목걸이는 단 한 번도 거둔 적이 없다. 누군가는 남김없이 내다 버리는 것이 완전한 이별의 방식이겠지만, 어떤 물건은 남은 생의 일부임을 받아들이는 것도 내게는 꼭 필요한 애도였다. 거기에는 그뿐만 아니라 그와 함께했던 한 시절을 보낸 내가 있다. 비단 내가 놓아줘야 할 것은 그뿐만이 아니었다. 나는 그를 사랑했던 내가 참 오래도록 그리웠다. 재지 않고 있는 힘껏 달려갈 줄 알았던 사랑. 온몸과 마음으로 사랑한다고 말할 수 있던 시절. 내가 나를 잃어버렸다는 상실감. 잠시 지갑에 넣어두었던 목걸이 줄을 꺼내보았다. 덩그러니 줄만 남은 목걸이가 긴 애도를 무사히 건넜다 말하고 있었다. 더는 돌아갈 수 없다 생각했던 나를 필사적으로 그리워하고 자책하고 놓아주며 이 또한 사랑의 연장선임을. 그러는 동안 목걸이에 담긴 물성은 단순히 그이와의 추억보다 나와 그 모든 과정을 함께한, 내 살결에 가까운 물건이라는 의미 부여가 어느 정도 정당해진 시점이었다.

같은 목걸이를 다시 주문했다. 이번에는 뒷면에 [avec le temps] 시간이 흘러감에 따라, 라는 문구가 새겨졌다. 옵션으로 각인을 선택할 수 있었는데 제작 실수로 각인이 새겨졌다며 연락이 왔다.

— 만일 원하지 않으시면 다시 없애도록 하겠습니다.
— 혹시 각인된 문구가 무슨 뜻인지 알 수 있을까요?
— '시간과 함께', 시간이 지나면 나아질 거라는 의미를 내포하고 있어요.
— 좋은 뜻이네요. 그대로 진행해 주셔도 괜찮을 것 같아요.

언젠가 시간이 내게 데려올 것들. 아직은 내가 너무 메마르거나 습해서, 혹은 너무 뜨겁거나 차가워서 불투명한 것들. 그 너머에 있는 것들을 아무도 알 수 없다. 이따금 창 앞에 서서 입김을 불어 손가락으로 몇 자 적어볼 뿐이다. 아직도 나를 놓치는 순간들이 있어요. 달라진 게 있다면 더 이상 벌을 받는다거나 대가라 여기지 않아요. 시간과 걷다 보면 이해될 만한 일들이 있는 거겠지. 시간의 어깨에 손을 올린 채 조금씩 마음을 기울이면서.

1

― 숙제를 드릴게요. 첫째는 너무 자신을 탓하지 마세요. 둘째는 모든 상황에 너무 최선을 다하지 마세요. 셋째는 목적지를 정했다면 가야 할 때 필요하지 않은 것들은 간단하게 추리세요. 약은 지갑 속에 지닌 부적 같은 거라고 생각하세요.

2

육지로 이사한 지 한 달 하고도 일주일이 흘렀다. 때마침 육지로 이사 오기 전부터 냉정이 발 벗고 나서서 일상을 지배해 준 덕분에 크게 울거나 웃을 일 없이 지나간다. 일하면서 틀어놓는 영화나 애니메이션 대사에 피식거리는 정도. 그렇다고 크게 울상도 아니라 다행이지 싶다. 마음이 딱딱해진 것 같지만 부정적인 의미는 아니다. 굳은살이 한 겹 더 생긴 정도, 그 정도라고 해두자.

3

찬장 한구석에는 제주에서부터 챙겨 온 부적, 그 옆에는 기분 전환에 효과적이라는 초콜릿을 사다 두었다. 단 걸 먹고 나면 따라오는 특유의 텁텁함이 내키지 않지만 필요한 순간에 손대보기로 했다. 종일 아무런 말 없이 하루가 이어지다가 찬장 속 초콜릿을 몇 개 꺼냈다. 한입에 쏙 들어가는 동그란 초콜릿을 이리저리 굴리다 보면 혀끝에 단단한 견과류가 느껴진다. 단맛과 고소한 맛이 지나간 자리에는 전에 없던 산뜻함이 남아있다. 그러면 몇 개 더 꺼내 먹는 나를 발견한다. 자, 너도 아, 해보렴. 초콜릿을 꺼내 입에 쏙 넣어주고 싶은 얼굴 몇몇이 떠올랐다.

4

옵션이 적은 집으로 이사하며 사야 할 것들이 많았다. 또 어디로 옮기게 될지 모를 인생이지만 이고 지고 살아갈 짐이랄 것의 부피와 종류가 늘어났다. 삶에 이토록 커다란 짐들을 들인 적이 있었나. 늘 상자만으로 간추려 이사할 수 있도록 살아왔는데 필요에 의해 선택한 짐들이 앞으로 나와 어떻게 지내게 될지 궁금하다. 오래도록 같이, 서로 궁금하고 싶다. 어디든 꼭 데려가고 싶은 물건들을 고르고 골랐다. 얼마간 갖고 싶었던 가구들도 들였다. 정리하고 적응하고 또 정리하고 적응

하고. 일상에 집중하다 보니 벌써 거리의 연둣빛은 녹색으로 성큼성큼. 늦봄에는 편지를 써야지 싶었는데 벌써 오월이 코앞이구나.

5

삼월을 기점으로 본격적인 한 해가 시작된다고 믿는 편이다. 시월부터 다음 해를 바라보지만서도 어쩐지 일월과 이월은 보내지 못한 것들과 새해의 연장선으로 동동거리다 지나가는 것 같달까. 그리고 이번 삼월은 더욱 그랬다. 삼월을 기점으로 혼자 마시던 술을 일주일에 한 번으로 줄였다. 창으로 들어오는 새벽빛에 하루를 시작하고 자정 전에는 되도록 이불에 들어가는 습관을 들이고 있다. 잠들기 전에 누워 메모장을 열고 '실은', '그러니까', '나는 말이야' 뒤에 따라오는 말들을 적어나가는 하루하루가 퍽 나쁘지 않다. 억지로 싸

매려는 게 아니라 자연스럽게 그런 방향으로 흘러가도록 두고 있다. 범람하는 생각에 올라타 덜 고민하고 옮겨 적는다. 그리고 내가 만지고 보고 들었던 사람이라면, 그도 꼭 그럴 것이다. 다만 미루지 말걸. 보고 싶었다고 말할걸.

6

틈틈이 사람들을 만나 맛있는 음식과 술과 커피를 즐겼다. 육지에 와 기다렸다고 반겨주는 사람들이 있어서 고마웠다. 한편 제주에 있는 사람들이 떠올랐다. 만약 사람들이 이 집에 놀러 온다면. 소고기 송송 썰고 고춧가루 팍팍 넣은 얼큰한 된장찌개, 호로록 넘어갈 만큼 푹 끓인 미역국, 신김치를 통째로 넣고 삶아낸 수육, 폭신하게 말아낸 계란말이, 참기름이랑 깨소금 넣고 조물조물 무친 시금치. 그런 걸 차리고 싶다. 우리 집은 입장

료가 '빈손'입니다. 단, 본인이 꼭 마시고 싶은 술은 알아서 가져오세요.

7

질문을 잘하고 싶다. 좋아하는 사람들 앞에서 멍청이처럼 굴지 않고 궁금했던 것들을 조곤조곤 물어보고 싶다.

　　　　새벽에 일어나서 못 참고 엉엉 울었다. 얼마간 참으려고 해서 참은 건 아니었다. 정말로 눈물이 온 데 간 데 자취를 감춰버렸다. 읽다가 좋은 구절을 접하거나 드라마 대사 한 줄에도 눈물이 줄줄 터지는 인간인 게 나인지라. 얼마 전부터 그런 장면에도 턱 괴고 멍때리며 지나가는 순간들로 이어지는 게. 야, 이거 지금 너 맞냐. 어디 또 고장 난 거 아니냐. 내심 수상하기도 했다.

　냉정과 정도를 유지하고 싶어 굳이 예민하지 않으려 하는 부분도 있다. 모든 문제는 마음이 초

연할 때 한결 가벼워졌고 그렇게 문제와 거리 두기를 하다 보면 차츰 가라앉았다. 게다가 나는 요즘 어떤 나에 대해 말하고 싶지 않다. 의도와는 다르게 그것을 무기 삼거나 약점 잡히고 싶지 않은 게 오늘의 나다. 뱉으면 뱉을수록 부푸는 마음이 있다. 부풀어서 좋은 마음이 있고 그렇지 않은 마음이 있다. 정체를 드러낸 말 앞에서 이러지도 저러지도 못할 바에야 차라리 아무 말도 하지 않고 아무 말도 듣지 않는 게 편리하다. 말은 가볍고 잽싸다. 마음먹기 시작하면 입술을 떠나기도 전에 이미 저 멀리 달아날 준비를 하고 있다. 어떤 말 앞에서 나는 오롯이 눈치만 보는 술래가 되어버린다. 나를 영영 술래로 둬버리는 말들은 애써 찾아내고 싶지 않다. 설명할 여력도 부족하거니와 지금 나에게는 내가 잘 지내는 게 가장 중요하니까. 눈치싸움은 나 자신과 하는 것만으로도 충분하다.

있잖아요. 본인이 뱉은 말이 미래에 가서 기다리고 있다네요. 그래서 부쩍 사랑에 더 집중해요. 그런 말들을 쌓아 올려요. 이것마저도 쉽게 들뜨게 될까 선뜻 뱉지는 못해도 마음 한구석에 차곡차곡 적립합니다. 새벽에 그렇게 울어놓고 아침에는 친구와 흰머리에 대해 이야기하다가 웃었답니다. 휴대폰 갤러리에 진심 섞인 농담 같은 짤 몇 개를 주워 담고요. 몇몇은 친구들에게 공유하고 바보처럼 히죽거렸지요. 사람들은 저마다의 이유로 자신만의 세계를 견고히 하려 해요. 티끌이라도 긁어모아 벽을 쌓고 틈 사이사이를 메꾸고 높은 성을 지어요. 제 손으로 그것을 허물 다짐을 하는 순간은 굉장히 드물 거예요. 그 성을 허무는 것도 사랑이고, 차마 허물지 못하는 것도 사랑이며, 그 틈을 파고드는 것도 사랑이겠지요. 그 속에 꼭꼭 숨어버리는 것도 어쩌면 사랑입니다.

근데요. 이왕이면 나는 자꾸만 사랑을 뱉고 뱉어서 작은 집을 하나 지을래요. 거기서 우리는 마음껏 누워도 괜찮아요. 이것이 내 사랑의 방식입니다. 어느 시집에서 그러더라. 조심하라고. 울다가 웃으면 뭐다? 어른이 되어버린다. 간만에 크게 울어서 속은 시원합니다.

수영하고 나와서 얼굴에 쏟아지는 볕이 좋길래 커피랑 김밥 사 들고 잠시 걸었다. 올여름에는 수영 끝나고 저기 보이는 저 초록 밑에 앉아서 아이스크림을 녹여 먹어야지. 조금 걷다가 발견한 과일 가게에서 짭짤이 토마토도 한 봉지 사고, 다이소에 들러 라커룸에 사용할 자물쇠도 샀다. 간만에 사용한 근육들이 집에 돌아와서도 계속 뜨끈하고 아린 게 기분 좋다. 몸 구석구석 얼얼함을 느끼면서 환기시키고 집 청소하고. 문득. 나 대단한 거 안 바라. '그냥'이라는 말 올해는 지양하려고 했는데, 생활은 그냥 이렇게 구체

적이고 작은 순간들로 하루하루가 이어지면 그걸로 됐지 싶다.

 매사에 너무 심각해 일희일비하기보다는 당장 눈앞에 놓인 순간들을 천천히 꼭꼭 씹어 잘 소화할 수 있는 정도, 지금은 그냥 딱 그 정도만 허락해 주세요.

어떤 사건은 작년의 것인지 재작년의 것인지 또렷하게 기억하지 못한다. 하물며 어제 먹은 음식도 기억이 잘 안 난다. 세월이 흐른 만큼 언제부턴가의 말대로 시간이 약인 부분도 있겠다만, 더는 그것이 내 안에 살아있다 느끼지 않아서 일지도 모르겠다. 기억하지 못하면서 기억하지 않는다. 그때의 일이, 그때의 사람이, 그때의 미움과 울음이. 용서라던가 구원이라던가의 단어가 어울린다기보다 그때는 거기에 그쳐있는 것이고 살다 보니 문득 내가 거기에 두고 까마득하게 걸어왔다는 것을 돌이켜본다.

다시 편지를 써야겠어요.

나는 오래오래 살 거예요.

― 수진, 네가 네 생각보다 강한 사람인 걸 너만 빼고 모두가 알아.

나가며

착실한 얼굴과 말간 눈으로

나를 먹이고 입히고 재우고 키운 사랑.

부서진 무릎에 손을 얹고 일으켜준 사랑.

가만히 껴안고 대신 울어 준 사랑.

사는 내내 그런 얼굴과 눈을 한 사람들이

내게 와 주었기 때문에.

때문에.

저자 소개

박수진

조각들을 모아 서랍에 쌓아두고
넘칠 때쯤 꺼내어 종이에 엮습니다.
마침내 나는 문을 열고 나갑니다.

착실한 얼굴과 말간 눈

착실한 얼굴과 말간 눈
STORAGE BOOK & FILM series #20

글 **박수진**

편집 **오종길**
디자인 **김현경**

펴낸곳 **STORAGE BOOK AND FILM**
홈페이지 **storagebookandfilm.com**
이메일 **juststorage.press@gmail.com**

instagram **@storagebookandfilm**

초판 1쇄 **2025년 6월 25일**

*이 책의 내용의 전부 또는 일부를 재사용하려면
펴낸곳을 통한 저작자의 동의를 받아야 합니다.